Gondeln

© J. Liabot

Constantin Parvulesco

Gondeln

HEEL

© C. Parvulesco

Inhalt

Einleitung 7

Geschichte 8

Die Gondel 38

Gondel und Gesellschaft 96

Der Gondoliere 132

Mythos und Zukunft 152

Epilog 156

Glossar 158

Bibliographie 159

Danksagung 160

© C. Parvulesco

Einleitung

Eine gestreckte schwarze Barke gleitet geräuschlos auf dem grünen Wasser des Kanals, ringsum schillern farbige Steine, die sich im Wasser spiegeln. Bunte Kleckse wogen auf den Wellen, die das schwärzliche Braun eines Portals zu verdüstern scheint – geschlossene Pforten zu einem unbekannten Geheimnis. Die Sonne glitzert delikat auf den wie hingetuschten Schaumkronen, funkelt auf den vergoldeten Beschlägen der Gondel und auf dem Bugbeschlag aus Stahl, der wie ein Seepferdchen zu schweben scheint. Auf dem Boot erschallt eine Männerstimme beim Unterfahren einer Brücke, ein Kinderlachen irrt als Echo herum, auf einer Piazzetta huschen zwei Gestalten im Pelzmantel ebenso lautlos einher wie der feiste graue Kater, der gemächlich die vor Feuchtigkeit dampfende Reihe von Steinen entlang trottet. Dann plötzlich werden die Schritte lauter, das Gemurmel deutlicher und die Menge drängt sich dichter in den von Verkaufsbuden gesäumten Gässchen. Masken, Glaswaren, purpurne und goldene Tücher und Sprachen aus aller Herren Länder. Seit Jahrhunderten sieht diese kosmopolitische, dem byzantinischen Osten zugewandte Stadt, Ergebnis so vieler Eroberungen, Plünderungen, Geduld und List, Menschenmassen zu Fuß oder auf den schlanken Booten, die untrennbar mit diesem steinernen Labyrinth verbunden sind. Nach und nach wurde die Gondel, auf einzigartige Weise mit der Stadt verbunden zum Symbol. Eine wirkungsmächtige und poetische Evokation. Ihre seltsame asymmetrische Form, der Gegensatz zwischen dem simplen Bootskörper und den aufwändigen Ornamenten, ihr Gebrauch, heutzutage im Grunde nur noch für die Touristen, sind das Ergebnis einer Geschichte und eines Ortes, wo sich Wasser, Holz, Stein und die Träume der Menschen begegnen.

Geschichte

„*Die Gondel ist ein natürliches Produkt Venedigs, ein beseeltes Wesen, das sein besonderes Leben und seinen eigenen Ort hat, eine Art Fisch, der nur im Wasser eines Kanals gedeihen kann. Die Lagune und die Gondel sind nicht voneinander zu trennen und ergänzen einander. Ohne Gondel ist Venedig nicht möglich. Die Stadt ist eine Koralle, die Gondel die Molluske darin. Nur sie kann sich durch dieses unauflösliche Gewirr und die unendlichen Arterien der Wasserstraßen schlängeln.*"

Théophile Gauthier, Voyage en Italie

Frontgiebel der Basilika von San Marco
(© C. Parvulesco)

Ungewisse Ursprünge

Zwar ist die Geschichte der Lagunenstadt selbst gut bekannt und von sehr früher Zeit an durch die über die Jahrhunderte reichenden Schriften der Chronisten überaus reich belegt, von den Ursprüngen der Gondel aber, diesem ewigen Symbol der mythischen Stadt Venedig, die ein Jahrtausend lang zur See über die Adria und das gesamte Mittelmeer herrschte, ist so gut wie nichts bekannt. Wann genau ist sie entstanden? Wer erfand diesen so völlig vom Üblichen abweichenden Bootstyp und wer entwickelte im Lauf der Jahrhunderte ihre Gestalt weiter fort, ohne an den Grundzügen der Konstruktion zu rütteln? Auf diese Fragen gibt es keine definitiven Antworten. Selbst die Etymologie des Wortes ist undurchsichtig und war Gegenstand leidenschaftlich geführter Kontroversen unter den Wortkundlern. Derartige polemische Auseinandersetzungen gibt es auch heute noch, denn trotz zahlreicher Erklärungsversuche ist es immer noch nicht gelungen, zweifelsfrei die Frage zu beantworten: Woher kommt

Die Kirche auf Torcello, der ersten besiedelten Laguneninsel (© C. Parvulesco)

der Begriff *gondola*? Manche sind der Ansicht, die Gondel heiße nach dem griechischen Wort *concula*, was wörtlich „kleine Muschel" bedeutet. Andere behaupten, das Wort leite sich vom griechischen *kondylion* („Kasten") ab, nach einer weiteren Version steht das Wort *cymbula* dahinter, das im Griechischen wie im Lateinischen „kleines Boot" bedeutet. Zu dieser Version neigen vor allem die Etymologen. Eine weitere, phantasievollere These schließlich bringt das Wort Gondel mit dem Neapolitanischen in Verbindung: Angeblich sei *gondola* aus *vongola* entstanden... Offizielle venezianische Dokumente aus dem 12. bis 14. Jahrhundert erwähnen die Anwesenheit eines Bootstyps namens *scaula* oder *scola* auf den Wassern der Lagune, der sich von den damals üblichen Fischerbooten durch Eisenbeschläge an Bug und Heck unterschied. Diese *scaule*, die Benvenuto da Imola als „Boote von geringem Tiefgang mit gestreckten und feinen Linien" beschrieb, trugen ihren Namen nach der *solea* oder *sogliola*, der Seezunge. Vielleicht handelte es sich dabei um einen Vorläufer oder Ahnen der Gondel.

Vorstellbar ist auch, dass der Begriff Gondel eine ureigene Schöpfung des venezianischen Dialektes ist, vielleicht auch ein reiner Kunstbegriff ohne etymologische Wurzeln, die tiefer in die Zeit zurückreichen. Wie das Wort *bragarossa*, das anscheinend eine Zusammenziehung von *barqua grossa* ist, mag vielleicht auch der Begriff der Gondel auf eine Verkürzung mehrerer einzelner Bestandteile zurückgehen. Dazu haben sich in der Geschichte der Lagune die Begriffe für die Bootstypen auch fortentwickelt und gewisse Namen, die heute einen ganz bestimmten Bootstyp bezeichnen, standen früher für mehrere Typen. Bestes Beispiel dafür ist das *sandolo*. Manche Worte wurden durch andere ersetzt, verdrängt, vergessen, neue Worte bürgerten sich ein. Allein die Artenfülle der in der Lagune verwendeten Bootstypen (über 100) und ihre formale Entwicklung über die Zeit

Typische Fischerbehausung auf einer der zahlreichen Inseln in der Lagune, Aufnahme vom Ende des 19. Jahrhunderts (Sammlung Aline Marchetti)

machen alle Versuche, einen exakten und definierten Ursprung zu erkunden, von vorneherein hinfällig und die Vaterschaft an den venezianischen Gondeln kann aus den Gründen keiner Einzelperson zugeschrieben werden. Die allererste Erwähnung des Begriffs *gondola* wurde Ende des 11. Jahrhunderts, auf das Jahr 1094, datiert. Er taucht in einem Edikt des Dogen Vitale Falier auf, in dem dieser den Bewohnern von Loreo, südlich von Venedig, die Bereitstellung einer *gondola* bei seinen Besuchen dort auferlegt, es sei denn, dies sei gegen ihren Willen. Dennoch bleibt in der Geschichte der Gondel manches *missing link* und die Entstehungsgeschichte dieses berühmten Bootstyps ein großes Rätsel, das zu lösen noch keinem Historiker gelungen ist. Die Geheimnisse um die Genese der Gondel umgibt ein dichter Schleier, der seit jeher im Unklaren ließ, ob sie edler oder niederer Herkunft ist und uns auffordert, sie als Jahrhunderte altes Symbol des Glanzes und des Triumphes dieser außergewöhnlichen Stadt mit Respekt und Bewunderung zu betrachten. Einer Stadt, die über die Meere erstrahlte, bis hin zu den Grenzen des Orients, zu einer Zeit, da Europa nichts weiter war als ein von barbarischen Horden durchstreiftes Land. Immerhin konnten sich in Italien, in zahlreiche kleine und kleinste Stadtstaaten zersplittert und zerstückelt, um die sich die jeweiligen Fürstenfamilien balgten, politische und Handelsstrukturen entwickeln, die dem Land über tausend Jahre lang die Unabhängigkeit sicherten.

Sicher ist, dass die Gondel, wenn auch jünger als die Stadt Venedig selbst, zu dieser Entwicklung beitrug. Die physischen und topographischen Beschränkungen Venedigs, das bekanntlich durch ein engmaschiges Netz aus Hunderten von seichten Kanälen durchzogen wird, verlangten nach der Entwicklung spezieller, auf diese Besonderheiten hin abgestimmte Boote

Ansicht der Lagune von Venedig, nach einer Karte von Jacopo de Barbari (Musei Civici Veneziani)

Die Flagge von San Marco mit dem geflügelten Löwen, das Symbol der Repubblica Serenissima (Sammlung MA)

Der Markt von Rialto mit seinen zahlreichen Booten nach einem Stich des 18. Jahrhunderts (Sammlung M. Zentilini)

Der Canale Grande zwischen dem Palazzo Grimani und dem Palazzo Foscari, im Vordergrund eine *casada*-Gondel mit *felze* (Sammlung MZ)

zum Personen- und Warentransport. Der Bau der Stadt, Pflasterstein um Pflasterstein, Stein um Stein, Brücke um Brücke, Palazzo um Palazzo, wurde zur Gänze durch Materialtransporte auf dem Wasser durchgeführt. Es gibt nicht eine einzige Baulichkeit in Venedig, bei der das anders gewesen wäre, ehe Mitte des 19. Jahrhunderts der Bau der Freiheitsbrücke und die Eisenbahn eine Verbindung der Stadt mit dem Festland herstellte. Die gesamte Stadt konnte nur durch die unablässigen Materialtransporte per Boot vom Festland aus auf ihrem sumpfigen Untergrund errichtet werden. Später brachten große Galeonen Schätze aus Konstantinopel oder anderswoher zu den zahlreichen Handelskontoren, die Venedig im Laufe seiner Geschichte beherbergte.

1 • Geschichte

Venedig –
Eine einzigartige Topographie

Seit mehreren tausend Jahren befinden sich Lagunengestade auf dem Rückzug. Heute sind sie praktisch überall verschwunden, teils durch künstliche Trockenlegung, teils durch natürliche Versandung, denn die Flüsse lagern an ihren Mündungen mitgeführtes Material ab und haben die Lagunen im Laufe der Zeit dadurch aufgefüllt. Früher war dieser Landschaftstyp an der Adria weit verbreitet, von der Mündung des Po bis zu der des Isonzo. Die Lagunen waren freilich dünn besiedelt und die Lagune von Venedig war in dieser Hinsicht keine Ausnahme. Zwar siedelten sich in römischer Zeit sporadisch venetische Fischer auf einigen Inseln an und errichteten bescheidene Hütten, doch waren die dortigen Lebensbedingungen schwierig und die Inseln wurden bald wieder verlassen. Die Lagune war damals sumpfig und von ungesundem Klima, vor dem Meer geschützt durch einen schmalen Landstreifen von 12 Kilometern Länge, dem heutigen Lido, der seinen Namen dem römischen Historiker Titus Livius verdankt. Die Lagune bestand aus Sümpfen, Untiefen und Hunderten winziger Inseln, die nur knapp aus dem Brackwasser, der Vermischung von Meerwasser und dem Wasser der Brenta, herausragten. Das Ganze war durchzogen von einem Labyrinth aus mehr oder weniger seichten Kanälen. Diese sumpfig-feuchte Gegend wurde ferner über lange Zeit von der Malaria heimgesucht. Doch all diese Nachteile erwiesen sich letztlich nicht als Hindernis und die Lagune, ungastlich wie sie war, bot sich bei den häufigen Überfällen von Barbaren für die Küstenbewohner als veritables Rückzugsgebiet an. Derartige Überfälle waren zahlreich und verliefen oft blutig, von den Goten unter Alarich zu Beginn des fünften Jahrhunderts bis zu den Horden Attilas, die im Jahr 452 die Region verwüsteten – ein Vorspiel zum Zusammenbruch des römischen Westreiches, der sich bald darauf vollzog. Die venetische Bevölkerung versuchte, sich diesen Kämpfen zu entziehen und zog sich wiederholt auf die Inseln Malamocco und Torcello zurück, beide nicht allzu weit vom Festland entfernt, und musste auf diese Weise keinen Blutzoll entrichten. Damit wurde auch klar, dass die Lagune außerordentlich leicht zu verteidigen und den

Die Lagune von Venedig, Heideland und Untiefen... (© C. Parvulesco)

feindlichen Galeeren praktisch unzugänglich war. Diese konnten in der Lagune nur unter dem Risiko des Auflaufens navigieren, da die Kapitäne die schiffbaren Wege nicht kannten. Das „mythische" Gründungsdatum der Stadt Venedig liegt ebenfalls um die Mitte des fünften Jahrhunderts, genau im Jahr 421, doch erst 697 organisierte sich die zu diesem Zeitpunkt bereits etablierte Stadt und untergab sich einem Beschützer, einem Fürsten oder Dogen in der Person eines gewissen Paulicius, der sich der Autorität des Kaisers in Byzanz unterwarf, zuvor aber von seinesgleichen, dem venezianischen Adel, in einer großen Ratsversammlung gewählt worden war. Diese Wahl und das gesamte spätere politische System, das über die Jahrhunderte unaufhörlich verbessert und verfeinert wurde, war ein sehr frü-

Geschichte • 1

Überreste eines Hauses auf einer der verlassenen Inseln der Lagune (© C. Parvulesco)

her und komplex organisierter Vorläufer der politischen Systeme, die in Europa erst sehr viel später zum Zuge kommen sollten...

Zu jener Zeit also wanderten Bewohner ganz Venetiens, wie wir gesehen haben, in die Lagune, auch, um dadurch dem Krieg zwischen den Lombarden und dem byzantinischen Exarchat zu entgehen. Der Einwohnerzuwachs war massiv und dauerhaft. Venedig entstand sozusagen erst im Laufe des sechsten Jahrhunderts richtig und die allererste Schilderung der in der Lagune verwendeten Boote gibt uns der Historiker Cassiodor, der im Jahr 538 schrieb: „Vor den Mauern der Häuser stehen Boote, wie wir es mit unseren Pferden halten." Im Jahr 813 brach auf der Insel Malamocco, die etwa 30.000 Bewohner beherbergte, eine furchtbare Malaria-Epidemie aus. Der Rat beschloss daraufhin, den Fürstensitz auf die Insel Rialto zu verlegen und die Mehrheit der Bevölkerung folgte diesem Beispiel, brach ihre alten Häuser Stein um Stein ab und errichtete sie in identischer Form auf der vom Großen Rat ausgewählten Insel neu. Damit verlagerte Venedig sein Zentrum, bewahrte sich aber die Eigenarten und den besonderen Lebensstil. Von den Zeiten der Stadtgründung an bis in unsere Zeit bewegte und bewegt man sich zwischen den vielen hundert Inseln, die die Stadt ausmachen, zu Fuß oder auf dem Wasserweg hin und her. Anfangs mit bescheidenen Booten, die im Laufe der Jahrhunderte raffinierter und besser wurden und schließlich in Gestalt der berühmten Gondeln Perfektion erreichten. Man darf dabei nicht vergessen, dass die Venezianer ursprünglich ein kleines Volk von Fischern waren, ohne Reichtümer und Vermögen und dass sie alles, was sie hatten, der Lagune schuldeten. Dessen waren sie sich bewusst und darauf waren sie stolz. Jahrhunderte bescheidener oder auch kolossaler Bautätigkeit, von geduldiger und nicht nachlassender Pflege, haben am Leben erhalten, was natürlicherweise zum Verschwinden bestimmt war. Die Geschichte der Lagune und ihrer Bewohner ist daher etwas ganz Besonderes und die Stadt Venedig ein wahres Wunder. Die Venezianer pflegen diese Besonderheit, sind bis heute stolz auf sie und erzählen viele Anekdoten von den Großtaten ihrer Boote auf den Gewässern der Lagune.

Eine der berühmtesten davon berichtet, wie am 2. Februar 943 unter der Herrschaft des Dogen Pietro Candanio III., ein Pirat besiegt wurde, der

1 • Geschichte

Ein Kanal im Stadtviertel Santa Clara nach einem Stich des 18. Jahrhunderts (Sammlung MZ)

Piazza San Zani Polo; Die Brücke ohne Geländer ist typisch für die venezianischen Bauten des 17. Jahrhunderts. (Sammlung MZ)

auf brutale Weise in der Region wütete. Dieser Giaolo, ein Istrier, unternahm immer wieder verheerende Raubzüge und stürzte die Stadt dadurch in große Not. Eines Tages war er in den Gewässern um die Mündung des Caorle unterwegs und hatte zuvor zahlreiche venezianische Männer, Frauen und Kinder gefangen genommen, die er in die Sklaverei zu verkaufen gedachte. Die Bevölkerung, von dieser neuen Untat empört, nahm mit ihren archaischen Booten die Verfolgung auf, um die unglücklichen Landsleute zu befreien. Bald wurde das Piratenschiff von Dutzenden kleiner, leichter Boote angegriffen, die von Leuten gesteuert wurden, die sich in den Gewässern der Lagune bestens auskannten. Der Angriff von allen Seiten gelang tatsächlich und Giaolo wurde von einem Haufen Fischern und deren Booten überwältigt... An diese ruhmreiche Geschichte erinnert noch heute jedes Jahr das *sensa*-Fest. Die Mehrzahl der Bevölkerung bewegte sich zwar mit dem Schiff fort, zugleich entstanden aber in der Stadt auch die ersten Fußwege. Die ersten Brücken, heißt es, bestanden aus pontonartig nebeneinander liegenden Booten, auf die Planken gelegt waren, eine echte Ganzholzkonstruktion. Auf diese

Diese, in den Lagunenboden eingelassenen Piere, markieren die Ränder der Fahrwege und verhindern, dass die Boote auflaufen. (© C. Parvulesco)

Weise wurden kleinere, nur durch schmale Kanäle voneinander getrennte Inseln miteinander verbunden. Zwischen dem 9. und dem 14. Jahrhundert entstand so ein Netz von Fußwegen, das dem historischen Stadtkern wenn auch noch nicht seine heutige Gestalt, so doch ein Gepräge verlieh, das noch heute erkennbar ist. *Calli* (Straßen), *fondamente* (Kais), *campi* (Plätze) und *ponte* (Brücken) erlaubten sogar, zu Pferde quer durch

Geschichte • 1

Ansicht des Canale Grande auf Höhe des Palazzo Pisani; Im Vordergrund eine große Pinasse, die ihre Ladung am Kontor eines reichen Kaufmanns gelöscht hat. (Sammlung MZ)

die Stadt zu reiten. Francesco Sansovino, der große Chronist der Stadt Venedig, schreibt in seinem 1663 erschienen Buch *Venetia città nobillisima e singolare* („Venedig, edle und einzigartige Stadt"), dass „der Boden überall so stabil und kompakt ist, dass man bequem und gefahrlos reiten kann, denn die Holzbrücken sind flach und ohne Weiteres zu passieren", und dass „der Doge Steno, der im 15. Jahrhundert lebte, eine Pferdestallung unterhielt, wie kein Fürst in Italien eine schönere und bessere hätte besitzen können". Die Fortbewegung zu Pferde war eine Schwärmerei der reichen und adligen Teile der Bevölkerung, wurde aber durch eine Reihe von Gesetzen streng geregelt, die die Praxis im Auge hatten: Zwischen 1291 und 1359 erlassene Vorschriften bestimmten, dass zu bestimmten Morgenstunden rund um die Piazza San Marco nicht geritten werden durfte, oder setzten für das Rialto-Viertel Höchsttempi zu Pferde fest, deren Überschreitung mit Geldstrafen geahndet wurde... Nach und nach wuchs die Stadt und vermehrte ihre Einwohnerzahl, die Pferde kamen selbst bei den Patriziern, dem venezianischen Adel, zugunsten der Gondel außer Gebrauch. Die Unterhaltskosten der Boote waren niedriger, obwohl, wenn man das Gehalt der Gondolieri berücksichtigt, wirtschaftliche Gründe dafür nicht ausreichend gewesen sein können. Per Boot ließen sich vor allem die Wege vermeiden, die bei starkem Regen oder Hochwasser sehr schlammig wurden. Auch Sanudo informiert uns darüber, dass „die Reichen auf diesen Brauch zurückgriffen, der zuvor Sache des einfachen Volkes war, nämlich mit dem Boot zu fahren. Man ließ sich zum Schutz die *felze* einfallen und begann, hohe und gewölbte Brücken zu bauen [...] Man ersetzte das Pferd durch das Boot und nannte es Gondel." So wurde die Gondel nach und nach zum Symbol des venezianischen Adels und jeder Patrizier besaß seine eigene, die in der Regel von einem Hausangestellten oder einem schwarzen Sarazenersklaven gesteuert wurde. Seit dem die Gondel von den einflussreichsten und reichsten Teilen der Bevölkerung benutzt wurde, wurde sie rasch zum prestigeträchtigen Statussymbol, unentbehrlich für den Patrizier oder den reichen Kaufmann.

1 • Geschichte

Die historischen Gondeln

Dank seiner berühmten Seestreitkraft und seiner wirtschaftlichen Macht entwickelte sich Venedig vom 12. bis zum 16. Jahrhundert gleichermaßen zu einer Welthauptstadt der Kunst. Patrizier, vermögende Kaufleute und politische Institutionen, aber auch die Kirche, religiöse Einrichtungen und die zahlreichen *scuole di devotione* gaben unzählige Kunstwerke in Auftrag, häufig bei den wichtigsten Malern ihrer Zeit, und schufen damit ein in der ganzen Welt einzigartiges künstlerisches Erbe. Das Alltagsleben im Venedig des 15. und späterer Jahrhunderte findet seinen präzisen und detailreichen Niederschlag in zahlreichen Gemälden. Seit dem Ende des 14. Jahrhunderts entstanden Bilder, die das Wunder der Reliquie des Heiligen Kreuzes darstellten. Diese wurden im Auftrag der *scuola* von San Giovani Evangelista gemalt und schmückten dort einen der großen Säle, ehe sie zum Schutz in das Museum der Academia gebracht wurden, wo sie sich noch heute befinden. Diese Bilder erzählen die wundervolle Geschichte, die sich in Venedig zutrug, als bei der Abhaltung einer Prozession zu Ehren einer wundersamen Heilung das Heilige Kreuz, das an der Spitze der Prozession getragen wurde, aus seinem Sockel glitt und in das Wasser des San Lorenzo-Kanals fiel. Der verehrte Gegenstand ging aber nicht unter, sondern blieb an der Oberfläche und wartete auf diejenigen, die sich, bereits vor dem Unfall aus göttlicher Eingebung, zur Rettung des Kreuzes ins Wasser gestürzt hatten. Dieser *teleri-* (Gemälde-) Zyklus ist eine besonders wertvolle Informationsquelle hinsichtlich des Aussehens der damaligen Gondeln. Auch später entstanden zahlreiche Gemälde und Stiche, auf denen man die in der Lagune fahrenden Boote betrachten kann, wenn auch diese Darstellungen weniger exakt sind. Die Werke Giacopo de Barbaris etwa, besonders seine berühmte perspektivische Darstellung der Stadt Venedig (Seiten 10/11), gewähren uns zwar einen sehr genauen Blick auf die Stadt und ihre Seefahrts- und Handelsaktivitäten und bieten uns nützliche Informationen über Zahl und Arbeit der *squeri* (Werften), geben uns aber, so lehrreich sie auch sind, nur eine vage Vorstellung davon, wie die damaligen Gondeln aussahen. Genau aus diesem Grund sind die Gemälde von Vittore Carpaccio, Gentile Bellini und Giovanni Mansueti über ihren unschätzbaren künstlerischen Wert hinaus so wichtig, denn sie zeigen uns detaillierte Darstellungen von Gondeln. Diese Ge-

Renaissance-Manuskript, das den Bug einer Gondel beschreibt (Sammlung MA)

Gondeln
16

Vittore Carpaccio, *Das Wunder des Heiligen Kreuzes* (Abdruck mit Genehmigung des Ministero per i Beni e le Attività Culturali)

1 • Geschichte

Gondeln mit *felze* auf einer Abbildung der Spätrenaissance (Sammlung MZ)

mälde sind derart exakt, dass sie uns ein ausführliches Studium der frühen Gondeln jener Zeit erlauben. Auf dem Carpaccio-Bild sind die Ansichten aus verschiedenen Blickwinkeln besonders interessant: Man sieht Gondeln in der Vorderansicht, schräg von vorne links und rechts sowie im Profil. Ferner ist die Perspektive besser als in den Bildern von Bellini ausgeführt, was uns erlaubt, die Dimensionen der Boote mit größerer Genauigkeit zu berechnen, indem man von der Größe der Ruder ausgeht. Andererseits ist das Bild von Bellini genauer in der Darstellung der Details der Boote und besonders hilfreich bei der Größenschätzung der strukturellen Bauteile des Gefährts. Das Gemälde von Mansueti stellt in der Ausführung ein Mittelding dar und diente der Bestätigung der aus den beiden anderen Bildern gewonnenen Daten. Weitere Werke, etwa von Giacopo de Barbari und *l`Arione che cavalca il delphino* („Arion auf dem Delphin reitend") von Girolamo Moretto bestätigten die Berechnungen ebenfalls und lieferten weitere Informationen zum allgemeinen Aussehen des Bootes und der Lage der *forcole* am Heck. Aus diesen Studien lässt sich auch ableiten, dass zu jener Zeit der Rumpf der Gondel noch symmetrisch ausgestaltet war und einen flachen Boden besaß und dass das Heck länger war als die Bugpartie. Die kürzeren Gondeln mit Eisenbeschlägen am Bug und breiterem Heck, die weniger schlank und gestreckt waren als die heutigen Typen, besaßen aber schon die wesentlichen gondeltypischen Merkmale: Die besondere Form des Hecks, die besondere Lage der Ruder und das Vorhandensein der *felze*, einer Art Kabine, die die Passagiere vor Kälte, Regen oder, wie auf dem Bild von Carpaccio, vor der Sonne schützte. Die auf den Gemälden dargestellten Gondeln verzichten aber auf den prächtigen Schmuck, die Zurschaustellung von Reichtum, das Prunken mit edlen Stoffen und lebhaften Farben. All das wurde erst später an den Gondeln der reichsten Patrizier üblich. Der mit Pech bestrichene Rumpf ist einfach

Gentile Bellini, *Das Wunder des Heiligen Kreuzes* (Abdruck mit Genehmigung des Ministero per i Beni e le Attività Culturali)

1 • Geschichte

ausgeführt, die Sitze bestehen aus herausnehmbaren Holzbänken und die *felze*, sofern sie vorhanden ist, erscheint relativ zierlich, an der puren Funktion orientiert und leicht abnehmbar. Bug und Heck werden durch ein Metallband geschützt, das damals die Stelle der modernen Beschläge einnahm. Die Länge der Ruder liegt bei etwa 3,40 Metern und ist damit etwas kürzer als heute, doch die Abmessungen der Blätter machen, wie heute noch, ein knappes Drittel der gesamten Ruderlänge aus.

Flottengesetz vom 14. März 1600 (Sammlung MA)

Piazza Zani Polo, im Vordergrund eine *casada* mit *felze* (Sammlung MZ)

Ansicht des *ca* Pesaro, Originalfotografie vom Ende des 19. Jahrhunderts (Sammlung MZ)

Giovani Mansueti, *Das Wunder des Heiligen Kreuzes* (Abdruck mit Genehmigung des Ministero per i Beni e le Attività Culturali)

Bellotto, Ansicht eines Kanals und der Piazza Zanipolo (Abdruck mit Genehmigung des Ministero per i Beni e le Attività Culturali)

Darstellung einer Gondel auf einem 1628 den *squerarioli* gewidmeten Altar im Inneren der Kirche von San Trovaso (© C. Parvulesco)

Archaische Gondel, Gravur auf dem Grabstein des Jeohanes Candioto, verstorben 1635, in der Kirche von San Trovaso (© C. Parvulesco)

1 • Geschichte

Die Gestalt der Gondel von den Anfängen bis heute

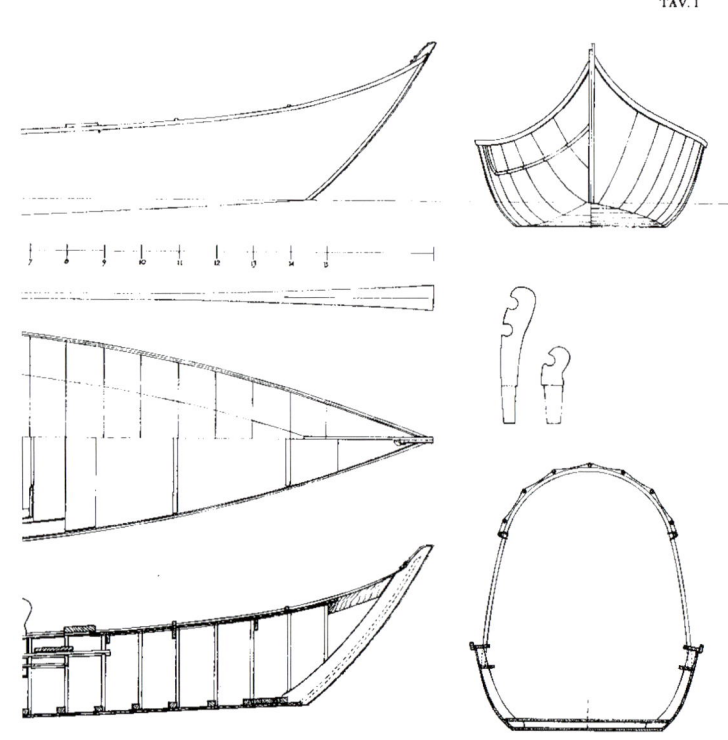

Skizzen einer altertümlichen Gondel der Renaissancezeit mit *felze* (Sammlung MA)

Bis zum 15. Jahrhundert unterschied sich die „Urgondel" nicht von den anderen Bootstypen, die in der Lagune unterwegs waren. Es scheint, dass die Verbesserungen, die sie im Laufe der Jahrhunderte erfuhr, das Ergebnis der Schwärmerei waren, der sich die Gondel seitens der Patrizier ausgesetzt sah, nachdem diese von den Pferden ließen und sich stattdessen auf breiter Front der Gondel zuwandten. In der Folge wurden die Formen schlanker und eleganter und es erschienen bunte Farben und wertvolle Ornamente. Die informativen Gemälde des 15. Jahrhunderts zeigen uns, dass die ursprüngliche Gondel plump und ohne Anmut war. Die Bilder des 17. Jahrhunderts bestätigen die Tendenz hin zu gestreckteren Linien und einem feineren und anmutigeren Profil, zudem wird die Optik des Bootes durch das Aufkommen umfangreicherer Eisenbeschläge an Bug und Heck, die im Übrigen beide in der Länge gewachsen waren, aufgebessert. Die Gemälde des 18. Jahrhunderts, in erster Linie diejenigen von Canaletto, Longhi und Guardi, also der berühmtesten Malerchronisten der Stadt, zeigen uns Gondeln, die in ihrem Aussehen schon stark den heutigen Modellen ähneln und bereits Zurüstungen und Ornamente aufweisen, wie wir sie heute noch sehen können. Das bestätigt uns auch das ausgezeichnete, 1768 in Stockholm erschienene Werk von Frederik H. Chapman mit dem Titel *Architectura navalis mercatoria* („Architektur der Handelsschiffe"), das zahlreiche Abbildungen von Gondeln des 18. Jahrhunderts enthält, die sich wahrscheinlich auf eine Gondel stützen, die die venezianische Regierung am Hof von Stockholm präsentierte. Man muss freilich betonen, dass die Gondeln jener Zeit noch immer über einen symmetrisch gestalteten Rumpf verfügten. Die berühmte Asymmetrie der heutigen Boote verweist also auf jüngere Zeit, nach dem Sturz der Serenissima im Jahr 1797. In der Folge verschwanden die beiden Ruderer zugunsten eines einzelnen Gondoliere. Es scheint aber, dass bereits seit dem 15. Jahrhundert, wie es ja auch die oben erwähnten Werke zeigen, die Gondel meistens von einem einzigen Ruderer bewegt wurde, obgleich die *forcole* am Bug weiterhin vorhanden war.

ÜBERSICHT ÜBER DIE GRÖSSENENTWICKLUNG DER GONDEL
Mittelwerte, die von Boot zu Boot abweichen können

	Länge	Größte Breite	Tiefgang
Renaissance-Gondel (Quelle: Giovanni Giuponi)	8,68 m	1,39 m	0,59 m
Gondel des 16. Jh. (Quelle: Theodoro de Nicolo)	9,38 m	1,67 m	0,65 m
Gondel des 18. Jh. (Quelle: Chapman)	10,90 m	1,38 m	0,48 m
Gondel des 19. Jh. (Quelle: Fincati)	10,87 m	1,42 m	0,47 m
Gondel Anf. 20. Jh. (Quelle: Casal)	10,75 m	1,41 m	0,48 m
Heutige Gondel (Quelle: Tramontin)	10,83 m	1,42 m	0,54 m

Geschichte • 1

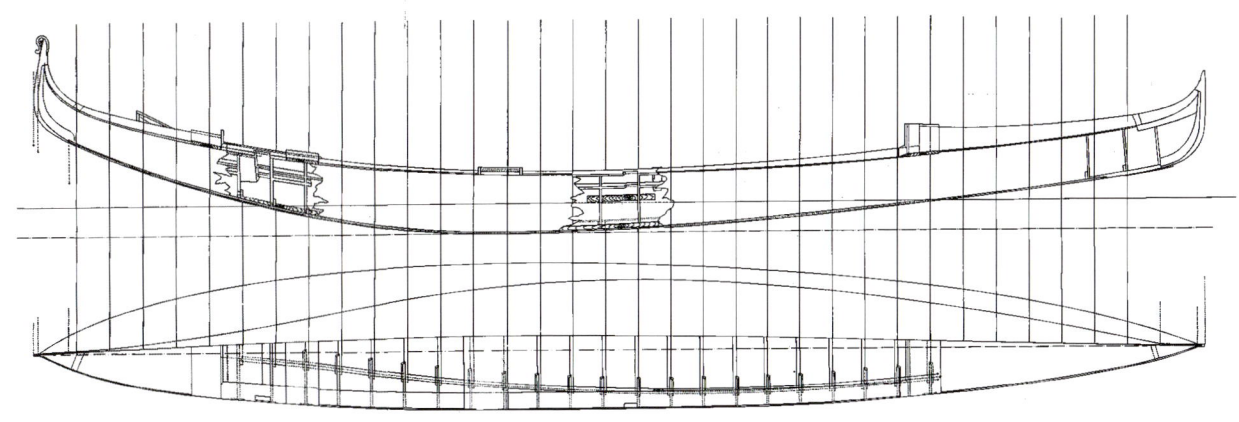

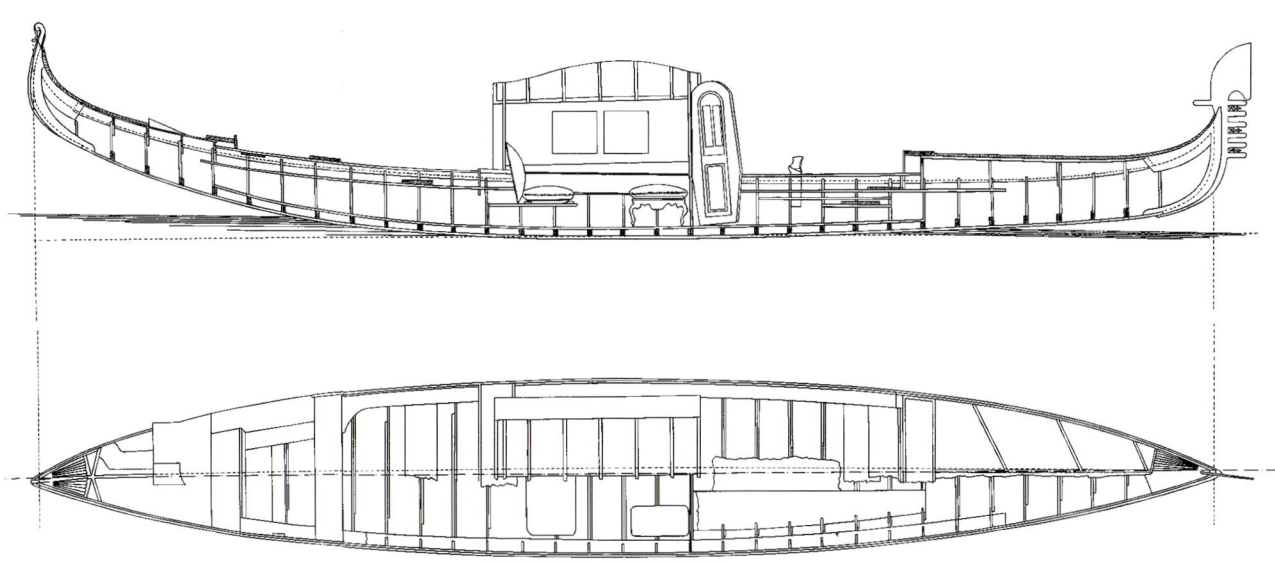

Planskizzen einer klassischen Gondel des 19. Jahrhunderts mit bereits asymmetrischem Rumpf (Sammlung MA)

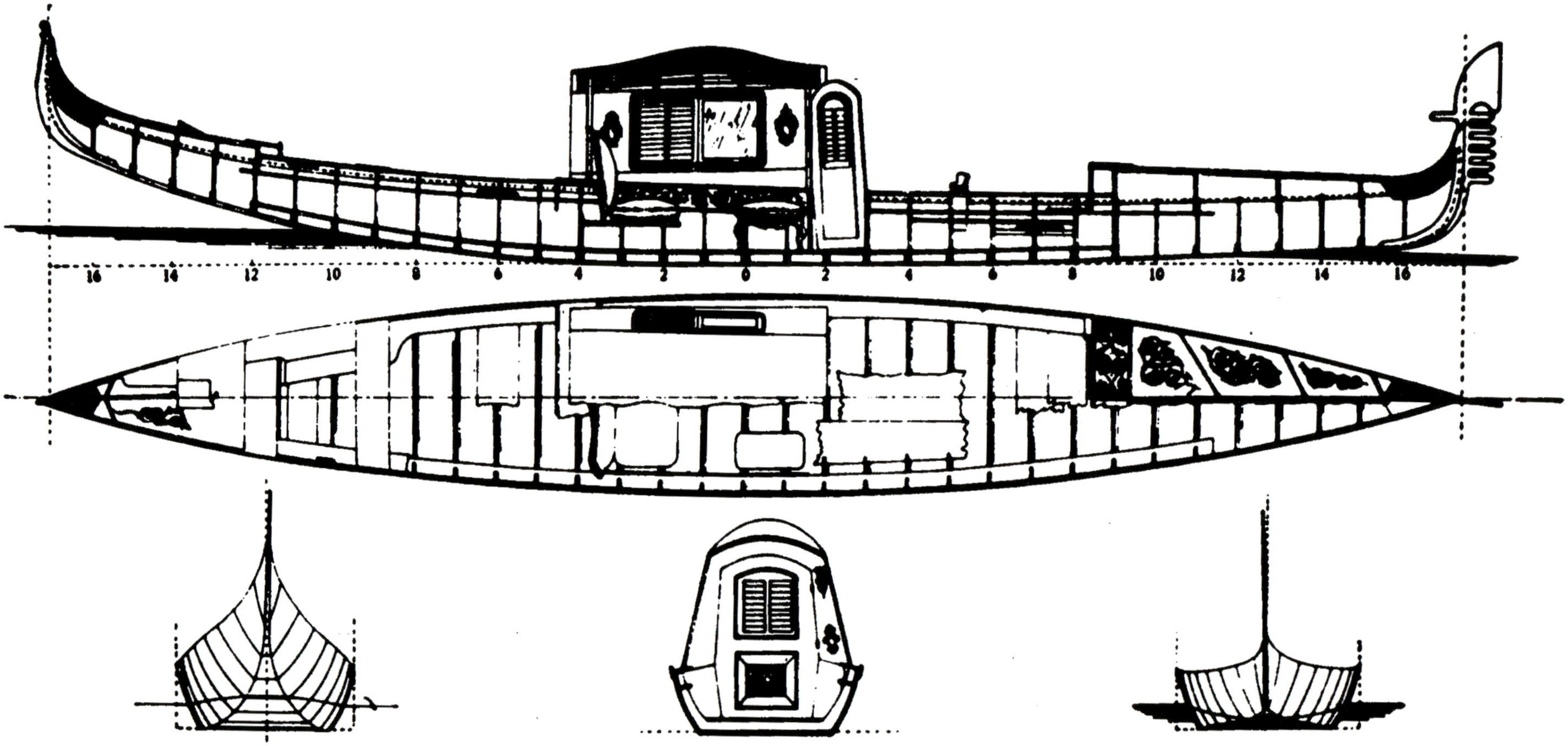

1 • Geschichte

Planskizzen einer klassischen Gondel aus dem Jahr 1882, nach einer Zeichnung von Admiral Pâris (Sammlung MA)

Geschichte • 1

Charakteristiken der verschiedenen Typen

Ein Handelsboot flankiert von zwei Gondeln (Sammlung MZ)

Zwar ist die Gondel der erfolgreichste und berühmteste unter den venezianischen Bootstypen, es gibt aber viele weitere Typen von verschiedener Größe und für verschiedene Zwecke gedacht, die über die Gewässer der Lagune gleiten. Die Besonderheiten der Lagunen-Topographie verlangten nämlich nach einer Vielzahl an Bootstypen, die je verschiedenen Zwecken dienten. Die Einsatzzwecke reichten und reichen vom Touristentransport bis zum Warentransfer, ebenso existieren zahlreiche Bootstypen für den Einsatz bei Regatten, für den einfachen privaten Gebrauch und für Vergnügungsfahrten. In ältester Zeit dienten die Boote dem Transport von Baumaterial, für das Befördern von Lebensmitteln und Wein von der Küste oder von nahe gelegenen Inseln. Manche dieser Boote wurden auch zum Fischen oder zur Entenjagd in der Lagune eingesetzt. Auch die Behörden, von der Polizei bis zu den Krankenhäusern, benötigten zur Überwachung der Lagune Boote, die auf ihren speziellen Einsatzzweck abgestimmt waren.

Der sandolo

Ursprünglich bezeichnete *sandolo* gleichermaßen die *batela*, die *sanpierota* und den Bootstyp, den wir heute *sandolo* nennen. Es handelt sich um einen Sammelbegriff, der früher einmal einen Typ und sämtliche Abarten benannte, auch den *sandolo di regata*, bei dem es sich in Wirklichkeit um einen *puparin* handelt, wie wir noch sehen werden. Heutzutage ist der *sandolo* der am weitesten in der Lagune verbreitete, traditionelle Bootstyp und wird zu sehr unterschiedlichen Zwecken eingesetzt: Zum fischen, zum Warentransport und bei Regatten. Trotz dieser Vielseitigkeit kann der *sandolo* auch in Sachen Personentransport mit der Gondel konkurrieren (heute besteigen die Touristen zumeist eine Gondel oder einen *sandolo*), denn das Boot ist schwarz lackiert und besitzt für diesen Zweck alle Elemente des *parecio*: Sitze, Bänke, Beschläge, Dekorationen usw. Früher war auch die Bezeichnung *sandolo de barcariol* üblich. Der *sandolo* ist ein Boot mit flachem Boden, das je nach Ausführung fünf bis neun Meter lang ist. Die Flanken sind ausgestellt, nicht gebogen und folgen der Form des Bodens. Bug und Heck sind kurz gehalten, teilweise abgedeckt und mit betontem *bozsone*. Links und rechts befinden sich rechteckige Öffnungen zur Aufnahme der *forcole*. Am Bug prangt eine waagerechte, auf das Deck reichende Schutzstange, die vorne in einen olivenförmigen Sporn mündet und zur Innenseite des Bootes hin die Form einer geöffneten Lilie aufweist. Der *sandolo* besitzt für diesen Typ spezifische *forcole*, die flacher und kürzer sind als die *forcole* der Gondel. Früher gab es eine spezielle Abart des *sandolo*, die auf der Insel Burano entwickelt wurde, der berühmten Insel der Fischer und Spitzenklöpplerinnen und der mehr-

Blick von der Rialtobrücke in Richtung des Palazzo Foscari; Der Verkehr ist dicht, zahlreiche Bootstypen sind vertreten. (Sammlung MZ)

1 • Geschichte

Lastenboot in der Lagune, Aufnahme aus dem 19. Jahrhundert (Sammlung MA)

Geschichte • 1

farbigen Häuser. Dieser *sandolo buranelo* (= von Burano stammend) wurde für das Fischen benutzt und konnte mit einem Mast samt kleinem Segel ausgestattet werden, der sich an der Sitzbank befestigen ließ. Am Heck befanden sich ein Steuerruder und davor eine Vorrichtung aus Metall, mit dem man das Ruder fixieren konnte. Die Segel der venezianischen Boote wiesen zahlreiche Besonderheiten auf: Unter anderem befand sich der Mast im hinteren Drittel des Bootes, um das Problem des Abdriftens zu minimieren, dem sich alle Boote mit flachem Boden bei nur mäßigem Wind ausgesetzt sehen.

Die mascareta

Die *mascareta* ist mit einem Gewicht von knapp 120 Kilogramm ein besonders leichtes Boot, wendig und preiswert im Unterhalt und dient dem Fischen und dem Regattasport und, besonders von weiblichen Besatzungen geschätzt, auch Vergnügungsfahrten. Aufgrund der relativ geringen Kosten für Anschaffung und Unterhalt ist die *mascareta* das beliebteste unter den verschiedenen *sandolo*-Typen. Der Rumpf ist sechs bis acht Meter lang und die *mascareta* kann ein bis vier Ruderer aufnehmen. Da sie von einfachem Aufbau ist, ist die Zahl der Amateure groß, die sich ihre eigene *mascareta* bauen, oft zu Lasten der Form, der Abmessungen und der gestalterischen Harmonie, was die Puristen erzürnt. Nicht selten aber sieht man derartige hybride *mascarete* auf den Gewässern der Lagune ihre Bahn ziehen...

Eine *sanpierota* (© C. Parvulesco)

Der s´ciopon

Dieser Bootstyp, auch *sandolo de s´ciopon* genannt, ist ebenfalls sehr leicht (meistens liegt das Gewicht zwischen 80 und 100 Kilogramm) und verdankt seinen Namen einem Gewehr, das speziell bei der Entenjagd und der Jagd auf Zugvögel, die in großer Zahl die Lagune überqueren, verwendet wird. Dieser Bootstyp wurde ursprünglich fast ausschließlich zur Jagd verwendet. Damit die Jäger auch sehr flache, fast horizontale Schüsse abgeben und die Beute mühelos aus dem Wasser heben können, ist der Bug nicht nach oben gezogen. Der leichte Rumpf, der den *s´ciopon* sehr handlich und wendig macht, misst traditionellerweise fünf bis acht Meter in der Länge. Die Decks an Bug und Heck kommen ohne *bolzone* aus. Das Deck am Bug bedeckt nur die linke Seite, damit der Jäger auch ganz vorne im Boot sitzen und dabei so unauffällig wie möglich bleiben kann. Der *s´ciopon* wird heute von den Venezianern nur noch selten zur Jagd benutzt, stattdessen trifft man ihn in den Kanälen der Stadt an, wo er als privates Transportmittel oder zum Vergnügen dient.

Ein *s´ciopon* (© C. Parvulesco)

1 • Geschichte

Eine *mascareta* (© C. Parvulesco)

Der *puparin*

Dieser Typ, auch *sandolo puparin* genannt, gilt allgemein als elegantester und schnittigster *sandolo*, da sein Heck (*la pupa*), nach dem er benannt ist, eine schlanke Form aufweist und seine Linienführung insgesamt sehr flüssig ist. Die Proportionen sind von perfekter Ausgewogenheit und das Boot erreicht hohe Geschwindigkeiten. Mit Ausnahme der Gondel handelt es sich beim *puparin* um den raffiniertesten und erfolgreichsten Bootstyp der Lagune sowie um den wendigsten und schnellsten. Im Aufbau ähnelt er der Gondel recht stark, namentlich ist auch hier der Rumpf asymmetrisch ausgeführt, die Länge beträgt neun bis zehn Meter und der Tiefgang beläuft sich auf etwa 1,20 Meter. Das Profil des Bodens ist geradliniger gehalten und weist auf Höhe der hinteren *forcole* eine starke Krümmung auf. Der *puparin* eignet sich für einen bis vier Ruderer. Zu den technischen Charakteristika zählt ferner, dass das Heck deutlich höher baut als der Bug, beide sind aber sehr schlank ausgeführt und häufig im Mittelteil von einer typischen, gezackten Leiste bedeckt, die *sentoina* genannt wird. Rechts im Heck befindet sich eine Fußstütze, dank der der Ruderer eine ähnliche Haltung einnehmen kann wie der Gondoliere. Der *puparin* wurde von den Venezianern ursprünglich zur Überwachung des Meeres eingesetzt, diente unter der Bezeichnung *puparin da casada* aber auch den Patriziern als Fortbewegungsmittel. Heute wird er, wie die Gondel und die *traghetti*, bisweilen zur Personenbeförderung eingesetzt, in der Hauptsache aber kommt er unter der Bezeichnung *sandolo di regata* als Rennboot bei den Regatten zum Einsatz.

Die *vipera*

Auch dieser Typ gehört zur großen Familie der *sandoli* und wurde ursprünglich in der Epoche der österreichischen Herrschaft als Zollboot eingesetzt. Die *vipera* wurde von sechs Ruderern bewegt und verfolgte die Schmuggler in der Lagune. Sie besaß einen symmetrischen Rumpf mit einer Länge von etwa zehn Metern und einer Breite von 1,40 Metern, dazu gerade Flanken und betont lange Bug- und Heckpartien. Dieser Bootstyp, der seit Jahrzehnten völlig verschwunden war, erlebte ab 1979 eine Renaissance, als die Organisatoren der überaus beliebten *Voga Longa* beschlossen, anhand eines Musters im nationalen Schiffsmuseum und von alten Bauplänen ein Exemplar nachzubauen. Dieser Nachbau wird freilich von manchen als freie Fantasie abgetan, insbesondere da der Rumpf der modernen *vipera* asymmetrisch ausgeführt wurde, ein Detail, das sich weder historisch noch aus technischen Gründen rechtfertigen lässt.

Ein *topo*; In der Sitzbank die Aussparung für den Mast. (© C. Parvulesco)

1 • Geschichte

Der topo

Der *topo* stellt eine Synthese aus den Bootstypen der Lagune, das heißt aus denjenigen, die in Venedig und denjenigen, die traditionell an der Küste Venetiens verwendet werden, dar. Je nach Version dient er dem Warentransport, der Personenbeförderung oder dem Lebensmitteltransport. Er kann aber auch zum Fischen verwendet werden. Seine Länge beträgt vier bis sechzehn Meter, die Seiten des Rumpfes verlaufen über die Hälfte der Gesamtlänge parallel zueinander, was dem Boot eine große Stabilität verleiht. Noch heute sieht man in der Lagune solche *topi*, die überwiegende Mehrzahl von ihnen ist aber motorisiert, in welchem Fall man von *mototopi* spricht. Die *topa* ist eine Abart des *topo* und unterscheidet sich von diesem vor allem durch den Bug, der beim *topo* praktisch waagerecht verläuft. Die *topa* dient in erster Linie zu Vergnügungsfahrten.

Die sanpierota

Die *sanpierota* wird auch als *sandolo sanpieroto* bezeichnet und ist seit einiger Zeit Gegenstand einer besonderen Verehrung, die dem allgemeinen Trend in Venedig zuwiderläuft. Obwohl viele Bootstypen der Lagune seit geraumer Zeit zu verschwinden drohen, erlebt die *sanpierota* geradezu eine Blütezeit. Das sechs bis sieben Meter lange Boot ist robust, stabil und geräumig und stammt ursprünglich wahrscheinlich aus San Pierto in Volta nahe beim Lido, zumindest deutet die Bezeichnung darauf hin. Sie kann, wie der *topo* und manche *sandoli*, mit einem oder zwei Segeln ausgerüstet werden. Sie lässt sich zwar ohne Weiteres mit einem einzelnen Ruder steuern, besser ist es aber, mit zwei Rudern (das heißt à la *valesana*) zu operieren, wodurch die *sanpierota* zu einem für Lagune und offenem Meer geeigneten Bootstyp wird, der aber für die engen Kanäle, die Venedig durchziehen, nicht sonderlich geeignet ist.

Bugbeschlag eines privaten *sandolo*
(© C. Parvulesco)

Ein sandolo puparin (© C. Parvulesco)

Gondeln

Geschichte • 1

Die batela

Von der venezianischen *batela* gibt es zwei Haupttypen: Die *batela a coa di gambero* und die *batela buranela* (d.h. von der Insel Burano). Letztere ist ein Boot von mittlerer Größe und einer Länge von etwa neun und einer Breite von durchschnittlich 1,60 Metern. Die *batele* waren früher vorzugsweise für den Warentransport bestimmt und ihre Rümpfe schwer und robust. Ihre Gestalt und ihre gesamte Linienführung lassen sie freilich recht unharmonisch erscheinen, besonders wegen des plumpen und stark hochgezogenen Bugs. Die Decks an Bug und Heck besitzen jeweils einen betonten *bolzone*. Eine hochgezogene Metallschiene ziert den Bug und schützt ihn vor Beschädigungen. Die *batela a coa di gambero* ist heute fast gänzlich verschwunden, war aber bis zum Ende des 19. Jahrhunderts sehr weit verbreitet. Der Name stammt von der Form des Bugs, der in seiner Gestalt an den Schwanz einer Languste erinnert (*gambero* bedeutet Languste oder Krevette), wie es auch bei vielen anderen historischen venezianischen Bootstypen der Fall war. Die *batela* war acht bis elf Meter lang, ihre anfänglich noch recht elegante Linienführung verlor im Laufe der Zeit an Prägnanz, gewann dafür aber an Nutzwert.

Die caorlina

Viele traditionelle Bootstypen, die der Beförderung von Waren dienten, sind heute von den Gewässern der Lagune verschwunden, etwa die *burci*, die *rascone* und die *padovane*. An ihre Stelle sind moderne, starke Motorboote getreten. Allerdings sind noch drei Haupttypen in Gebrauch. Zunächst einmal die *caorlina*, deren Bezeichnung auf die Insel Caorle, einige Kilometer von Venedig entfernt, zurückgeht. Dabei handelt es sich um ein in mehrfacher Hinsicht interessantes Boot, das sich praktisch seit dem 16. Jahrhundert nicht verändert hat. Damals wurde die *caorlina de seragia* für die Fischerei in der Lagune, aber auch für den Warentransport verwendet und zwar speziell für auf den Inseln erzeugte Nahrungsmittel, die zur Versorgung der Stadtbevölkerung auf die Märkte in Rialto und anderswo gebracht werden mussten. Das stattliche, neun bis zehn Meter lange Boot besitzt völlig identische Bug- und Heckpartien, fasst eine große Menge an Ladung und wird von zwei Ruderern fortbewegt. Bis zu acht Ruderer sind aber möglich. Wie *topo* und *sandolo buranelo* lässt sich die *caorlina* mit Steuerruder und Segel ausstatten. Die *caorlina* nimmt an den berühmtesten Regatten von Venedig teil, der *Regata Storica* und der *Voga Longa*, wo sie in einer eigenen, speziell für sie geschaffenen Klasse antritt, und gilt als das eleganteste Lastschiff der Lagune.

Bug einer *batela buranela* (© C. Parvulesco)

Gegenüber liegende Seite: Eine *sanpierota*. Ihre Linien sind grobschlächtiger als diejenigen eines *sandolo* (© C. Parvulesco)

Gondeln
35

Eine *bragozzo* genannte Variante der *peate* im Viertel San Barnaba (© C. Parvulesco)

Geschichte • **1**

Lastkahn (Sammlung MZ)

Der *batelon*

Der *batelon* ähnelt der *caorlina*, ist aber etwas größer und erreicht im Allgemeinen eine Länge von rund zwölf Metern. Die Linienführung insgesamt ist etwas schmaler als bei der *caorlina*, Bug und Heck sind schlanker. Das Boot verfügt ferner über ein Steuerruder, was das Manövrieren vereinfacht. Wie die *caorlina* wird der *batelon* traditionellerweise von zwei oder vier Ruderern bewegt, die sich im vorderen und im hinteren Teil des Schiffes befinden. Der *batelon* ist derzeit im Verschwinden begriffen, dennoch sieht man noch hin und wieder einen motorisierten Vertreter der Gattung in der Lagune oder auf den breiteren Kanälen, bestückt beispielsweise mit einer Ladung Weinfässer.

Die *peata*

Bei der *peata* schließlich handelt es sich um ein Frachtschiff par excellence und um den ältesten der drei Lastenboottypen, die noch heute in der Lagune unterwegs sind und seit Jahrhunderten Lebensmittel, unerlässliche Gegenstände des täglichen Bedarfs und Baumaterial transportieren. Wie die anderen Typen ist die *peata* mit einem flachen Rumpf versehen, die Flanken verlaufen über mehr als die halbe Rumpflänge geradlinig und Bug und Heck zeigen sich abgerundet. Die Spitzen besitzen eine Überdachung, man kann aber auch die gesamte Bootslänge mit herausnehmbaren Einsätzen abdecken, um die Waren zu schützen, sollten sie empfindlich auf Brackwasser reagieren. Die *peata* wird gewöhnlich von zwei Ruderern bedient. Bei Regatten wird sie von bis zu achtzehn Ruderern bewegt. Im Gegensatz zu fast allen anderen Bootstypen ist die *peata* nicht mit *forcole* zur Ruderführung ausgerüstet, vielmehr werden diese durch einfache, gekerbte Holzpinnen geführt, die *vogarisso* genannt werden. Bei einer Gesamtlänge von rund fünfzehn Metern kann die *peata* erstaunliche dreißig Tonnen Güter transportieren. Heutzutage besitzen die *peate* zumeist einen Motor. Der Typ ist der am weitesten verbreitete historische Lastschifftyp, der Venedig mit Waren versorgt.

Ein *batelon* (© C. Parvulesco)

Gondeln

Die Gondel

„In der ganzen Welt gibt es kein Fahrzeug, das es an Bequemlichkeit und Schönheit mit der Gondel aufnehmen kann. Ich finde nicht, dass man sie bisher hinreichend beschrieben hätte. Es handelt sich um ein langes, schmales, fischförmiges Boot, etwa wie ein Hai geformt, in der Mitte befindet sich eine Art Kabine, viereckig und doppelt so lang wie die Kabine eines Vis-à-vis: Sie besitzt nur eine Vordertür, durch die man eintritt. Drinnen ist Raum für zwei Personen und zwei weitere auf Bänken an den Seiten, auf die aber auch die Inhaber der eigentlichen Sitze ihre Füße legen können. Das Ganze ist an drei Seiten offen, wie bei unseren Kutschen, lässt sich aber, wenn man will, mit Glasscheiben oder durch mit schwarzem Stoff bespannte Holzgestelle abdecken, die in Schienen laufen oder seitlich an der Gondel befestigt werden. Am Bug der Gondel befindet sich ein hochgeschwungener eherner Beschlag, geschmückt mit sechs großen Eisenzähnen. Dieser dient dazu, das Boot im Gleichgewicht zu halten und ich vergleiche diesen Beschlag mit dem offenen Maul eines Hais, obwohl er eher einer Windmühle zu ähneln scheint. Das ganze Boot ist schwarz lackiert, die Kabine vorne in schwarzem Velours, hinten in schwarzer Wolle ausgeschlagen, die Polster bestehen aus Maroquinstoff in der gleichen Farbe und nur den vornehmsten Herren ist es gestattet, anders zu verfahren. Man kann sich gar nicht vorstellen, wer wohl in einer geschlossenen Gondel sitzt. Man kann in der Kabine wie in seinem Wohnzimmer lesen, schreiben, sich unterhalten, seine Geliebte sanft berühren, essen, trinken usw., während man sich durch die Stadt befördern lässt. Zwei Männer von bewährter Verschwiegenheit, einer vorne, einer hinten, rudern das Boot, ohne einen zu sehen, wenn man das nicht will. Ich habe reden hören, dass es mit den Gondeln keine Unfälle gebe wie mit den Kutschen in Paris, in Wahrheit aber ist nichts alltäglicher, besonders in den engen Kanälen und unter den Brücken. Auf den Gondeln geht es wacklig zu und nichts ist leichter, als auf dem schwankenden Wasser zu verunfallen. Aber unsere Ruderer hier sind so geschickt, dass sie auf ge-

Vertäute Gondel
(© C. Parvulesco)

heimnisvolle Weise das Boot durchs Wasser gleiten lassen und das lange Gefährt auf der Stelle wenden können, wie ein Aal es macht. Doch haben wir nie unsere Köpfe seitlich zur Gondel herausgestreckt, denn das Haifischmaul eines anderen Bootes könnte uns den Kopf wie eine weiße Rübe abschneiden. Die Anzahl an Gondeln ist grenzenlos und man zählt nicht weniger als sechzigtausend Menschen, die vom Rudern leben, sei es als Gondoliere oder anderswie."

Président de Brosse, Briefe aus Italien an die Familie

2 • Die Gondel

Eine kurze Beschreibung der Gondel

Ansicht der Rialto-Brücke und des Canale Grande, Ende des 19. Jahrhunderts; im Hintergrund eine *casada*-Gondel (Sammlung MA)

Heutige Gondel, in der Nähe der Rialto-Brücke vertäut (© C. Parvulesco)

Blick auf San Marco, Ende 19. Jahrhundert (Sammlung MA)

Sie besteht aus hundertachtzig verschiedenen Holzteilen und Metallbeschlägen, ein komplexer Artefakt, der bis ins Kleinste exakt seinem Verwendungszweck angepasst ist. Für die Lagune geformt, für das Manövrieren auch in schmalsten Kanälen geeignet, ist die Gondel die Königin einer Bootsfamilie, die bis heute nicht weniger als etliche Dutzend Haupttypen umfasst, vom kleinen *s´ciopon* oder *sandolo* über den *puparin*, die *mascareta*, die *topa* und die *vipera* bis hin zur *batela* und zur *sanpierota*, alle besitzen die gleichen Grundcharakteristiken. Die Gondel ist aber unter allen Mitgliedern dieser Familie die komplexeste und teuerste Ausprägung zur Personenbeförderung und nur sehr selten befindet sich eine Gondel in Privatbesitz. Ihre heutige Form geht auf den genialen, 1809 geborenen Bootsbauer Domenico Tramontin zurück, der sie Ende des 19. Jahrhunderts festlegte. Er beendete 1865 seine Lehre bei Meister Casal und machte sich dann selbständig. Rasch erkannte man sein großes Talent und die hohe Qualität seiner Entwürfe. Er wurde so berühmt, dass er mit dem Bau der Gondeln für das Königshaus betraut wurde. Seine Boote lieferte er in die ganze Welt und sein Leben lang waren seine Auftragsbücher stets prall gefüllt. Seine gesamte Laufbahn über strebte Tramontin nach absoluter Vollendung seiner Bootsbauerkunst, ein Stradivari der Gondel, der die für unveränderlich gehaltenen Formen mit jener Perfektion versah, die wir heute für selbstverständlich erachten.

Gondeln
40

Die Gondel • **2**

Der Canale Grimani von San Luca; Eine Gondel ist vor einem Palazzo vertäut, eine andere fährt vorbei. Der Gondoliere trägt die typische Sommertracht und den charakteristischen Strohhut. (Sammlung MA)

Das Werk Tramontins

Giebel der Tramontin-Werft auf San Trovaso (© C. Parvulesco)

Anders als bei den frühen Gondeln der Renaissance ist das Heck, auf dem der Gondoliere steht, deutlich höher gezogen als der Bug. Der Ruderer steht so weit hinten im Boot, dass den Passagieren ein gewisses Maß an Intimität möglich ist, insbesondere, wenn die *felze* montiert ist. Zu Füßen des Gondoliere befindet sich ein Behältnis, in dem er die Instrumente zur Pflege des Bootes, Taue, Lappen und seine persönlichen Gegenstände aufbewahrt. Am Bug gibt es einen weiteren, den Passagieren vorbehaltenen Bereich, der mit einer entfernbaren Tür versehen ist. Diese ist häufig mit mythologischen Szenen bemalt und mit einem Wappen verziert. Mitunter kann man in den Gassen einen Gondoliere sehen, der diese wertvolle *portela* in den Armen mit nach Hause nimmt. Der Rumpf der Gondel, in der Regel etwa zehn Meter lang, ist der Rumpf einer langen Barke mit flachem Boden. Die Seiten bestehen aus acht Eichenplanken, aus Lärchen- und aus Tannenholz. Eng gesetzte Querspanten, 33 an der Zahl, verstärken die Struktur. Die Gondel besitzt kein Steuerruder und nur an den äußeren Enden ein Deck, das mehr oder weniger erhaben ist und immer spitz zuläuft. Der obere Teil des Rumpfes ist über die gesamte Länge durch Eichenplanken verstärkt. Zwar sind Bug und Heck von der Seite gesehen praktisch identisch – wobei sich am Bug der unverkennbare eherne Beschlag befindet –, doch zeigt sich in der Frontalsicht, dass die Gondel als Ganzes ein leichtes Übergewicht nach rechts hin aufweist, was ihre einzigartige Besonderheit ausmacht. Der Innenboden oder *pagioi* des Bootes besteht aus mehreren lackierten und entfernbaren Bohlen, und der *tapeao*, auf dem der Gondoliere steht, ist fest montiert und speziell auf den besonderen Standort, den er beim Rudern „auf venezianische Art" einnimmt, zugeschnitten. Ursprünglich war das Boot nicht bemalt, sondern mit einer Teerschicht überzogen, deren Rezept geheim war und nur vom Vater auf den Sohn vererbt wurde. Seit Beginn des 20. Jahrhunderts wurde der Teer nach und nach durch synthetische Lacke verdrängt, während die Gondel zugleich, von den *vaporetti* entthront, nur noch zum Transport der Touristen diente. Abnehmbare Ornamente und das Mobiliar, unter dem Begriff *parecio* zusammengefasst, vervollständigen die Ausstattung der Gondel.

Gondeln
41

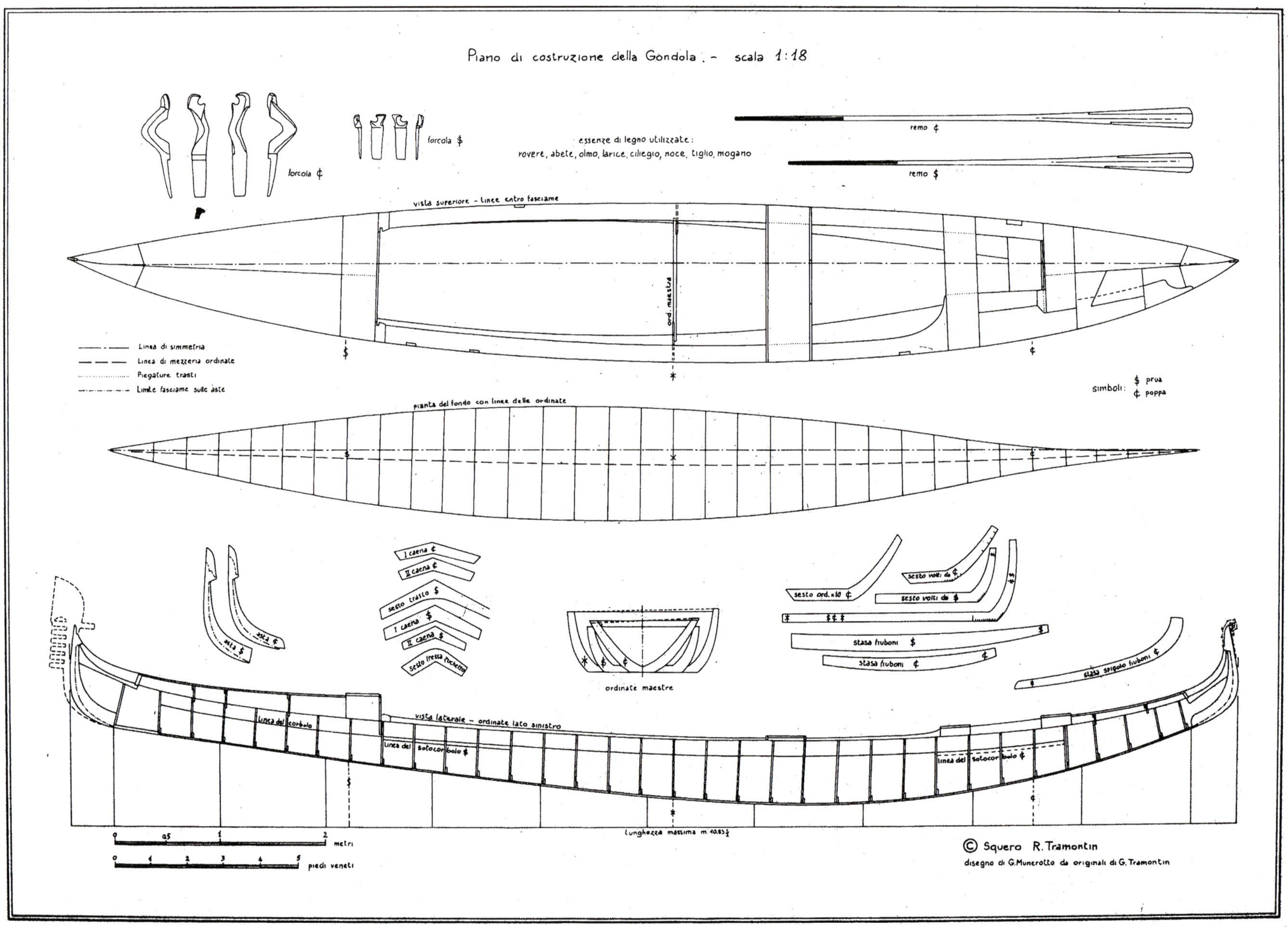

2 • Die Gondel

Originalbauplan einer Gondel von Domenico Tramontin, vom Meister handsigniert (© Squero R. Tramontin)

Gondeln
42

Die Gondel • 2

Bau einer Gondel

Der Gondelbau vollzieht sich auf streng traditionelle Art unter Verwendung althergebrachter Methoden, die zu der Faszination beitragen, welche diese durch Gestalt und Geschichte einzigartige Bootsgattung ausstrahlt. Um 1870 entstanden pro Jahr etwa 110 Gondeln auf acht Werften, die achtzig Arbeiter und elf Lehrlinge beschäftigten. Heute gibt es leider nur noch einige wenige Meister, die eine Gondel nach den Regeln der Kunst herstellen können. Diese Schiffszimmerleute besonderer Art arbeiten nicht alleine, um sie herum existieren zahlreiche Handwerke, die sich in Venedig unter dem Schutzmantel von *El Felze* gesammelt haben, einer Gilde der diversen Gondelbauhandwerke. Diese wird von der Stadt und der Verwaltung der *traghetto*-Betriebe finanziert. Da sich alle über den unschätzbaren Wert ihres Wissens im Klaren sind, hat das *squeraiol*-Metier vielleicht eine Überlebenschance.

Grabstein der Familie Tramontin auf dem Friedhof der Insel San Michele, gegenüber den *fondamente nuove* (© C. Parvulesco)

Die Werft der Manin-Kooperative auf San Trovaso (© C. Parvulesco)

Gondeln

2 • Die Gondel

Die Tramontin-Werft im Stadtviertel San Trovaso; links: Roberto Tramontin und einer seiner Lehrlinge bei Wartungsarbeiten an einer Gondel. (© C. Parvulesco)

Die Werft der Manin-Kooperative. Die außergewöhnliche Gestalt des Gebäudes geht direkt auf den Baustil der nahen Alpen zurück. (© C. Parvulesco)

Squeraiol des 18. Jahrhunderts nach einem Stich von Grevembroch (Sammlung MA)

Die Gondel • **2**

Der squero, eine Werft wie keine andere

Seit Urzeiten entsteht die Gondel in einem *tesa da squero*, einer Art Schuppen aus in den Boden gehauenen Holzplanken, die den Arbeitern minimalen Schutz vor dem Wetter bieten. Der *squero* befindet sich in der Regel an einem Kanal, wo ein wenig Platz vorhanden ist, um ein sanftes Gefälle zu errichten, das man für den Stapellauf und das Anlanden benötigt. Diese Gebäude besitzen im Allgemeinen eine viel niedrigere Decke als die Werften für den klassischen Schiffsbau. Eine gewisse Höhe war aber für den Bauprozess vonnöten, etwa für die Stützbalken, die das Gondelgerippe beim Bau zusammenhalten. Die venezianischen *squeri*-Bauten stechen erstaunlicherweise architektonisch von den sie umgebenden Gebäuden ab: In der Tat stammten die venezianischen Schiffszimmerleute Jahrhunderte lang aus der norditalienischen Bergregion des Cadore und brachten ihre typischen Holzhäuser mit überdachten Balkonen von zuhause mit. Seit 1610 waren sie unter der Aufsicht der Arsenalverwaltung zu einer Gilde zusammengefasst und standen unter dem Schutz der Hl. Elisabeth in der Kirchengemeinde von San Trovaso, wo sich noch heute die letzten Werften befinden: Diejenige des Tramontin am *rio* von Ognissanti und der Squero de San Trovaso nicht weit vom gleichnamigen *campo* entfernt. Die *squeraioli* kümmerten sich auch um die Wartung der Gondeln, die im Schnitt alle vier Jahre überholt wurden. Die Lebensdauer einer stark beanspruchten *traghetto*-Gondel belief sich auf etwa sechs bis acht Jahre, eine private *gondola da casada* hielt um die vierzehn bis sechzehn Jahre.

Der squeraiol, Hüter einer tausendjährigen Tradition

Der *squeraiol* oder Schiffszimmermann ist einer der geschicktesten und faszinierendsten Handwerker, die es in Venedig gibt. Er ist der Erbe einer tausend Jahre zurückreichenden Tradition und baut jede einzelne Gondel im Verlauf von etwa zehn Tagen komplett von Hand und, wie man sagen könnte, aus dem Bauch heraus, denn er benutzt dazu keine Baupläne und greift nicht auf irgendwelche präzisen technischen Unterlagen zurück. Diese Bauweise macht jede einzelne Gondel gewissermaßen zum Unikat, reich an Besonderheiten und zu einem kleinen, an zahlreichen Details unterscheidbaren Kunstwerk. Paradoxerweise hilft das Metermaß beim Bau in gar keiner Weise. Das Dezimalsystem findet dabei keine Anwendung, sondern vielmehr traditionelle Maßeinheiten, die sich in hergebrachter Art besser für die Bestimmung von gewissen Proportionen zwischen den

Grabstein der Familie Casal; Die Basis des Steines ist mit der Reliefdarstellung eines *squero* und einer fertigen Gondel verziert. (© C. Parvulesco)

TRADITIONELLE MAßE

Schritt = 5 venez. Fuß = 173,4 cm
Kleiner Schritt = 3 venez. Fuß = 104,4 cm
Venez. Fuß = 12 Unzen = 34,68 cm
Unze = 12 Linien = 2,89 cm

Gondeln

Porträt des Begründers der Dynastie, Domenico Tramontin, in der Werkstatt (© C. Parvulesco)

Die Gondel • 2

Bootsteilen eignen. *Passo*, *piedi veneti*, *oncia* und *linea* (Schritt, venezianischer Fuß, Unze und Linie) sind die einzigen beim Bau verwendeten Maße und sie sind spezifisch venezianisch.

Der *squeraiol*-Meister hat jedoch Zugang zu einer Reihe von Maßschablonen, die vom Vater auf den Sohn vererbt wurden oder im Laufe der Geschichte der Werft erwachsen sind, ebenso wie die Ausrüstung der Werft und die von ihr verwendeten Holzarten. Diese Maßschablonen bestehen aus Vorlagen von acht bzw. von zwanzig Holzbrettern. Die aus acht Brettern bestehende Vorlage umfasst die eingekerbten und gebogenen *sesti*, die es erlauben, die Maße der Querspanten zu bestimmen und die Längshölzer des Rumpfes, des Bugs, des Hecks und weiterer Hauptstücke des Rumpfes zu fertigen. Die Vorlage aus zwanzig Brettern dient der Gestaltung von sekundären Partien der Gondel, von Verstärkungen, Böden usw.

Zwar sind die Grundprinzipien des traditionellen Gondelbaus einfach und weithin relativ bekannt, bei den handwerklichen Kniffen und den zahlreichen feinen Details, die die Arbeit erleichtern und beschleunigen, handelt es sich aber um Berufsgeheimnisse, die eifersüchtig gehütet werden. Zum Bau einer Gondel benötigt man nicht weniger als 13,99 Kubikmeter Holz verschiedener Art: Eiche, Ulme, Kirsche, Nussbaum, Lärche, Mahagoni und Tanne. Für den Zusammenhalt der Holzplanken sorgen teils Verbindungshölzer mit Zapfen und entsprechenden Öffnungen in den Planken, teils eingeklebte Nägel. Die dazu verwendeten Nägel sind von ganz besonderer Art und geschmiedet, wodurch sie besser halten als industriell gefertigte Nägel, da sie eine ungleichmäßige Oberfläche aufweisen und besonders geformt sind. Die umfassende Ausrüstung mit Werkzeug entspricht dem traditionellen Zimmermannswesen und umfasst Sägen, Hobel, Stechbeitel, Dexel, Ziehmesser, Bandmesser, Holzschlegel, Abstreichmesser und nicht zu vergessen Liniergerät.

Besonderheiten des Gondelbaus

Zu den größten Besonderheiten des Gondelbaus zählt die Verwendung mehrerer, die gesamte Rumpflänge umfassender Planken von 40 Zentimetern Dicke, was die Benutzung von Holzstücken von imposanter Größe und außerordentlicher Qualität bedingt. Das Eichenholz, das hierzu verwendet wird, muss in der Länge mindestens 12 Meter und in der Stärke mindestens 90 Zentimeter messen, gesund und gut gewachsen sein, denn die gekrümmten Planken des Bootgerippes werden in die dafür aus Ulmenholz ausgewählten Partien des Bootskörpers eingesetzt. Vor dem eigentlichen Bau installieren der Meister und seine Gehilfen das sogenannte Gestell, das als Ausgangsbasis für den Bau des Rumpfes dient. Diese Installation muss mit besonderer Sorgfalt erfolgen, denn von ihr hängen letztlich die

Winkel und Formen dienen der Herstellung der Gondel. (© C. Parvulesco)

Qualität des fertigen Rumpfes und die korrekte Ausrichtung des Rumpfes an der Längsachse ab. Letzterer ist, daran sei erinnert, asymmetrisch und um 10° nach rechts verschoben, was beim Bau zu einigen Schwierigkeiten führt. Auf dem festen Boden der Werkstatt wird, von Pfählen gestützt, eine Mutterplanke fest verankert, die in der Stärke sechs Zentimeter misst und in der Länge dem späteren fertigen Boot entspricht. Diese Planke wird anhand eines vorhandenen Musters gebogen und hochgezogen. An den Enden werden die Verlängerungen für Bug und Heck angebracht. Diese ersten Schritte verlangen nach ganz besonderer Exaktheit und Präzision in der Ausführung und vollziehen sich ohne weitere Hilfsmittel, allein mit dem Auge, dem Messwinkel und der Wasserwaage. Auf dem Gestell werden sodann die drei Hauptquerrippen angebracht, die das Boot in vier Teile teilen, dann die insgesamt 33 Querspanten anhand von verschiedenen Vorlagen angefertigt. Als nächstes werden an den Hauptrippen die beiden Hauptlängsplanken von 11,20 Metern Länge, 40 Zentimetern Breite und 15 Millimetern Stärke angebracht. Die Ausrichtung dieser beiden langen Planken ist der delikateste Teil des gesamten Bauvorgangs, denn für die nötige Krümmung der Planken existiert kein anderes Maß als die drei Hauptquerrippen. Das Holz wird genässt und unter Einwirkung einer Flamme direkt am Gestell in Form gebogen, nachdem es an den Querrippen

Gondeln

Eine Gondel mit Unfallschaden vor der Instandsetzung in der Werft (© C. Parvulesco)

Die Gondel • 2

und an den Längsträgern an Bug und Heck festgeleimt und festgenagelt wurde. Das muss sehr schnell geschehen, etwa zwanzig Minuten stehen dafür zur Verfügung, ehe das Holz wieder austrocknet. Dann werden die dreißig übrigen Querspanten installiert, womit das Grundgerüst des Rumpfes fertig ist. Eine andere Methode besteht darin, sämtliche Querrippen am Gestell zu befestigen und in einem zweiten Arbeitsgang die beiden Hauptlängsplanken zu installieren. Die *simonelle* werden angelegt, um die oberen Teile von Bug und Heck zu bilden. Der Zimmermann fährt dann mit dem Ausbau des oberen Teiles des Bootes fort, indem er den Spantengürtel und dessen Unterbau (auf Italienisch *corbolo* und *sottocorbolo*) installiert, ebenso die Längsspanten auf der gesamten Länge, die für die Aufnahme der *forcole* vorbereitet sind. Dann werden die Planken für Bug- und Heckpartie von Hand aus Lindenholz zurechtgeschnitten und eingesetzt, ehe die Brücke an die Reihe kommt. Letztere wird vorne von drei, hinten von zwei Balken getragen. Die vordere Brücke besteht aus zwei jeweils zwei Zentimeter starke Mahagoniplanken, die an Ort und Stelle gebogen und eingepasst werden: Dazu benutzt man Holzbalken, die sich gegen den Dachstuhl des Werftgebäudes stützen. Das äußere Ende der Bugbrücke wird dann mit einem Kirschbaumholzstück überdeckt, das auf halben Durchmesser zugesägt und unter Hitzeeinwirkung zurechtgebogen wurde, um die links und rechts abfallende Form der vorderen Brücke anzunehmen. Die Heckbrücke der Gondel ist etwas komplizierter aufgebaut, denn sie enthält auf der rechten Seite den *pontapiè*, der dem Gondoliere beim Rudern einen optimalen Halt für seine Füße bieten soll.

Der Rumpf

Nun beginnt die zweite Bauphase mit dem Umdrehen der Gondel. Die Gondel wird vorsichtig aus dem Gestell genommen und in der Mitte und an den Enden auf Höhe der Brücken auf drei Böcke und vier Bohlen gesetzt. Im Boden der Werft befinden sich Vertiefungen, die die überstehenden Teile an Bug und Heck aufnehmen. Der *squeraiolo*-Meister überprüft die Ausrichtung der Querrippen und der Gondel insgesamt, ehe er die acht letzten Längsplanken einsetzt. Die vier Planken, die den Boden ausmachen, bestehen aus Lärchenholz. Auch hier wird das Holz unter Wärmeeinwirkung gebogen und dabei durch am Dachstuhl befestigte Balken fixiert, was die unbequeme Verwendung einer Vielzahl von Schraubzwingen erspart. Die vier letzten Längsplanken aus Tannenholz sind 15 Zentimeter stark und schließen den Rumpf, der daraufhin mit dem Hobel bearbeitet wird, um vor dem Auftrag der Teerschicht die Oberfläche gleichmäßig zu gestalten. Das Teeren erfolgt durch das Einpressen von Hanfsträngen in die Ritzen im Rumpf, die in flüssiges Pech getaucht werden, um diese wasserdicht zu machen. Der Rumpf wird vor dem Lackieren mit dem Abstreichmesser behandelt und geglättet. Alle diese Aufgaben obliegen ausschließlich den Kalfaterern, *i chimenti*, einer besonderen Berufsgruppe, die ihre eigenen Regeln besitzt.

Beschädigte Gondel mit abgenommenem Bugbeschlag
(© C. Parvulesco)

In der Werft: Das Rückgrat der Gondel (© C. Parvulesco)

Trocknendes Holz vor der Werft der Manin-Kooperative (© C. Parvulesco)

Hobel und Feilen der *squeraiol* (© C. Parvulesco)

Ein Gondelbug entsteht. (© C. Parvulesco)

Vorlagen für Bug und Heckpartie der Gondel (© C. Parvulesco)

2 • Die Gondel

Fertigstellung der Gondel

Nach Beendigung der Arbeiten am Rumpf wird die Gondel ein weiteres Mal umgedreht, damit die restlichen Arbeiten vorgenommen werden können. Zunächst werden der *ferro di prova* und sein Gegenstück am Heck eingepasst, die später wieder abgenommen werden, um bei den abschließenden Lackier- und Schnitzarbeiten keinen Schaden zu nehmen. Der traditionellerweise aus Eisen geschmiedete Bugbeschlag besteht manchmal auch aus preiswerterem Aluminiumguss, dann sind aber weder die Robustheit noch der Glanz des edlen Metalls vorhanden. Die Einpassung ist ein delikater Akt, der vordere Beschlag muss ohne jede Abweichung exakt senkrecht ausgerichtet sein und die Zacken müssen, wenn die Gondel sich erst einmal im Wasser befindet, genau waagerecht verlaufen. Der Beschlag wird mit drei großen Schrauben mit schön geschmückten Köpfen fixiert, die etwas kürzer als die Zacken sind, sowie mit drei weiteren Schrauben, die in die Verlängerung des Beschlages am Steven versenkt werden. Die Montage des Heckbeschlages erfolgt auf ähnliche Weise, gestaltet sich jedoch wegen der geringeren Dicke des Beschlages etwas einfacher. Auch der hintere Beschlag wird auf den Steven aufgesetzt, mit Schrauben befestigt und der Krümmung des Holzes entsprechend geformt, zu der er perfekt passen muss. Der Heckbeschlag zeigt in der Regel Ornamente von größerer Bandbreite als der vordere Beschlag, der zuweilen als Ornament eingravierte Initialen oder, seltener, ein heraldisches Motiv trägt.

Die Gondel ist jetzt in roher Form fertig und nun werden, je nachdem, ob es sich um eine einfache Gondel (*barca lissa*) oder eine verzierte Gondel (*barca de luss*) handelt, die verschiedenen Teile, die eine Verzierung erhalten sollen, präpariert. Bei den Verzierungen handelt es sich entweder um einfache Netz- oder Stabmuster oder um nach traditioneller Methode hergestellte, in Zypressenholzstücke geschnittene Schnitzereien, die dann eingeklebt oder über Haltezapfen fixiert, eingesetzt werden. Heutzutage wird das Schnitzwerk in Flachrelieftechnik in Mahagoniholz ausgeführt und der Schnitzer kommt zur Durchführung seiner Arbeit in die Werft. Die Holzschnitzermeister haben sich ein gewisses Renommee erworben und auch der berühmteste unter ihnen hat an Gondeln gearbeitet: Valentino Panciera Besarel von der berühmten Schule von Brustolon, Schwiegersohn eines der Chefs des Hauses Casal, mit dem er gemeinsam die Gondel der Königin Marguerite von Savoyen entwarf und ausführte. Die Gondel steht heute in einem Kunstmuseum in Rom. Bemerkenswerterweise fehlen, trotz der hohen Religiosität der Venezianer, den Schmuckornamenten der Boote religiöse Motive. Der Löwe von San Marco, Symbol der Macht der Serenissima, sowie nautische und mythologische Motive wie Tritone, Seepferdchen, Naiaden und Delphine, sind hingegen reichlich und in zahlreichen variierenden Ausführungen vertreten. Ihr Stil bewegt sich zwischen Klassizismus und Barock. Die Heckbrücke des Gondoliere umfasst den wie einen Startblock

Bug einer Gondel während des Baus (© C. Parvulesco)

Die Gondel • **2**

geformten *pontapiè*, der dem rechten Fuß des Gondoliere Halt gibt. Fußboden und weitere Elemente der Innenausstattung, Handlauf und Aufnahmen der Sitzbänke werden installiert, ebenso die Leisten, die die Mitte der Brücken entlanglaufen. Nach Abschluss all dieser Arbeiten und ehe die letzten Beschläge angebracht werden, wird der Rumpf lackiert. Dieser verdankt seine schwarze Farbe nicht Statusdenken, wie es bei *felze* und *parecio* der Fall ist, auch nicht einem Trauergelübde nach der Großen Pest, sondern ganz einfach den verwendeten Materialien. Tatsächlich war heißer Teer, mit Pech vermischt und vom Rauch schwarz gefärbt, das einfachste und preiswerteste Mittel, um das Holz vor Verwitterung und Feuchtigkeit zu schützen. Im Laufe der Zeit löste sich das Pech an manchen Stellen ab und sammelte sich an anderen, so dass man es unter Einwirkung von brennenden Strohbüscheln neu verteilen musste, damit der Rumpf weiterhin verwendungsfähig bleiben konnte. Nach der Entwicklung von synthetischen

Einpassen der hinteren Brücke (© C. Parvulesco)

Blick in das Innere: An den Längsplanken befinden sich Brandspuren. (© C. Parvulesco)

Gondeln
53

2 • Die Gondel

Lacken und Anilinfarben im frühen 20. Jahrhundert übernahmen die Werften diese rasch und nach dem Ersten Weltkrieg kamen moderne und effiziente Lacke wie etwa das berühmte Ripolin in Gebrauch. Nun heisst es nur noch die Messingbeschläge an Rumpf und Handlauf anzubringen. Diese setzen sich aus 16 Millimeter breiten halbrunden Teilen und um die *forcole* herum aus 15 bis 30 Millimeter breiten Stäben zusammen. Deren Zapfenlöcher werden ebenso wie der Bugaufbau durch kunstvoll gearbeitete Messingteile verstärkt, die in das Holz der Brücke eingelegt werden. Ist auch dieses vollbracht, wird die Gondel nur noch mit ihrem *parecio* versehen. Dieser wird zum Teil (die *pusoi*, manchmal auch die Armlehnen und die Reling der Sitzbank) vom *squero* selbst hergestellt, während die Elemente des Mobiliars von Kunsttischlern und weitere Ausstattungsdetails von Messinggießern gefertigt werden. *Forcole* und Ruder entstehen in den Händen von Fachhandwerkern.

Bugbrücke der Gondel (© C. Parvulesco)

Reparaturbedürftige Gondeln vor einer Werft (© C. Parvulesco)

Eine *portele* wird verziert. (© C. Parvulesco)

Schnitzwerk an der vorderen Brücke (© C. Parvulesco)

Mehrere Boote; Eines wird gleich zu Wasser gelassen. (© C. Parvulesco)

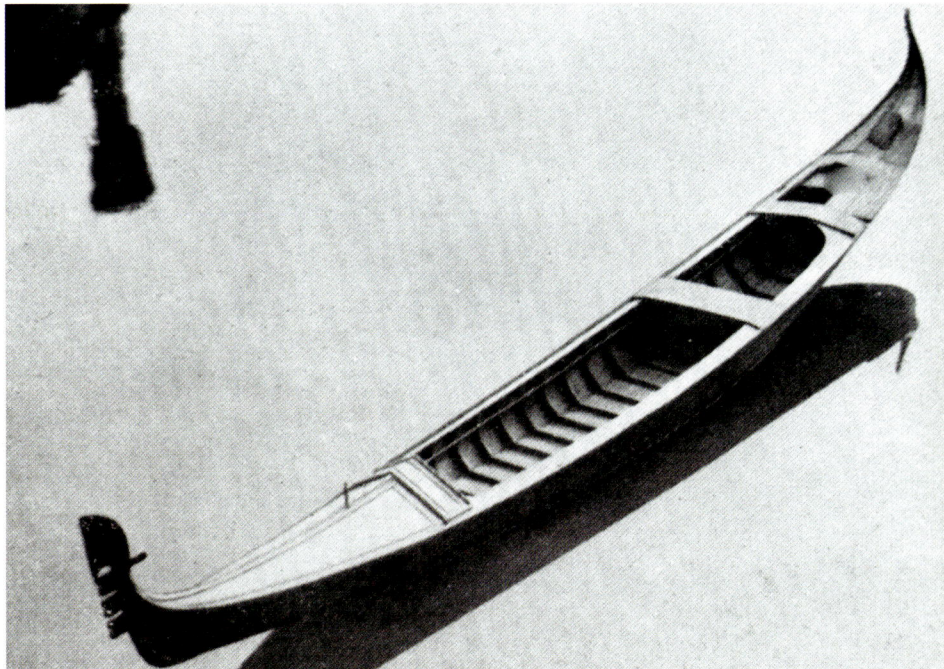
Eine Tramontin-Gondel, noch ohne *parecio* (Sammlung MA)

2 • Die Gondel

Der parecio

Alter Bronze-*cavai* mit Patina (© C. Parvulesco)

Die Gondel unterscheidet sich von anderen Bootstypen der Lagune von Venedig in erster Linie durch den Bugbeschlag, aber auch durch zahlreiche Ausstattungsdetails, die aus einer simplen Barke ein elegantes und komfortables Transportmittel machen. Diese Ausstattungen werden auch im *sandolo* verwendet, der damit quasi als Gondel für private Vergnügungsfahrten dient. Der *parecio* umfasst den Zierrat an der Innenausstattung, am Mobiliar und diverse Zierteile aus Bronze oder Messing. Die sichtbarsten Elemente des *parecio* sind zweifellos die *cavai*, die Seepferdchen, Delphine oder andere mythologische Gestalten darstellen und an denen die Kordeln der Reling befestigt sind.

Diese kleinen Bronze- oder Messingskulpturen, Tritone, Nymphen, Delphine, wurden früher in einem unermesslichen Variantenreichtum hergestellt, und zwar nach Gussmodeln, die der für die Gestaltung des gesamten übrigen *parecio* verantwortliche Handwerkerkünstler aus Holz anfertigte. Die Motive des *parecio* konnten sich beispielsweise am Wappentier des Auftraggebers orientieren. Heutzutage kommen überwiegend Abgüsse aus diesen alten Modeln zum Einsatz, die leider mit jeder Benutzung an Qualität und Feinheit gegenüber den alten Ausführungen einbüßen. Nach dem Guss werden diese Figuren mehr oder weniger nachbearbeitet, poliert und vergoldet oder wenigstens verchromt. Da die *cavai* handlich und wertvoll sind, demontiert sie der Gondoliere, wenn er die Barke verlässt und sie an einer Stelle andockt, die er nach dem Verlassen nicht im Blickfeld hat, ansonsten schützt er sie vor der Witterung durch Überstreifen eines blauen Tuches. Die Gegenstücke zu den *cavai*, die die anderen Enden der Relingkordeln (die im Übrigen aus Seide bestehen) halten, sind sehr viel einfacher gestaltet und tragen als Schmuck zwei große farbige Pompons. Auch am Bug der Gondel wird eine kleine Figurine oder eine einfache Struktur aus gedrehtem Messing installiert. Dieser *canon* dient dazu, das Boot nachts festzumachen und wird tagsüber durch ein saisonales Blumenarrangement überdeckt. Die Fahrpreise, die von der Gemeinde festgelegt werden, sind in der Gondel gut sichtbar ausgelegt. Das eigentliche Mobiliar besteht aus einer Hauptsitzbank (*sentar*), die mit Kissen ausstaffiert ist und deren Rückenlehne den *simièr* trägt, auf dem sich im Falle von Edelleuten das kunstreich dargestellte Wappen oder bei einfachen Bürgern kunstvoll miteinander verschlungene Initialen befinden. Vor der Hauptsitzbank schließt sich ein Paar niedriger Stühle an, die *careghin*. Diese bestehen aus Buchenholz, Mahagoni oder Nussbaum, jeweils mit Schnitzereien

Der *parecio*
(© C. Parvulesco)

2 • Die Gondel

verziert und besitzen nur eine Armlehne. Die daraus entstehende asymmetrische Form ist typisch. Ihre Rückenlehnen sind zumeist mit gedrechselten Holzstäben versehen oder, bei den luxuriösesten Ausführungen, mit einem Flechtmuster verziert. Die *careghin* gibt es in vielen Formen. Bei den ältesten Gondeln zeigten sie einen noch größeren Variantenreichtum, der sich aber im Laufe der Zeit zunehmend der Funktion unterordnete und in höherem Maße standardisiert wurde. Zwei kleine, herausnehmbare *banchete* mit zwei Beinen sind in die Bordwand integriert und vervollständigen das Mobiliar. Die mit Verzierungen an Nähten und Rändern versehenen Kissen sind traditionellerweise aus Leder gefertigt, aber von bunten Decken überzogen, die auch die Fläche zwischen Rückenlehne und hinterer Brücke bedecken. Letztere ist bei den edelsten Gondeln mit einem passgenauen Teppich samt angenähten Litzen überzogen. Von den weiteren Elementen des *parecio*, die allerdings von rein dekorativem Charakter sind, wollen wir noch das Türchen erwähnen, die den vorderen Bereich der Gondel abschließt, die *portela a spigolo*, die vom Sitzplatz der Passagiere aus gut sichtbar ist. Die *portela* ist stets üppig verziert, mit Schnitzwerk oder Malereien, deren Motive sich auf den seitlichen Textileinlagen, den *fodre*, im Innenraum wieder finden.

Kordelträger an der Reling aus Messing: Dargestellt ist ein Engel auf *le pusioi*. (© C. Parvulesco)

Zwei prächtige zeitgenössische *cavai* **aus Bronze** (© C. Parvulesco)

Kleiner Bronze-*cavai* aus dem 19. Jahrhundert (© C. Parvulesco)

Zwei große *cavai*, die Fabeltiere darstellen (© C. Parvulesco)

Kleine Messingverzierungen schmücken den vorderen *canon* der Gondel. (© C. Parvulesco)

Vorderer *canon* in Gestalt einer Vase (© C. Parvulesco)

Cavai und bemalte *fodre* schmücken das Innere der Gondel. (© C. Parvulesco)

2 • Die Gondel

Üppige *cavai* vor einem *careghin* (© C. Parvulesco)

Zwei *careghins* aus Mahagoni (© C. Parvulesco)

Zierrat in Form zweier Seepferdchen (© C. Parvulesco)

Wappenschmuck, inspiriert von der *gondola de casada* (© C. Parvulesco)

Ein besonders umfangreicher *parecio* (© C. Parvulesco)

Parecio in Blau und Gold, den klassischen Farben (© C. Parvulesco)

Zeitgenössische Interpretation des *parecio* (© C. Parvulesco)

Psychedelischer *parecio*, eine moderne Gestaltung des klassischen Gondelzierrates (© C. Parvulesco)

Vom Gondoliere selbst bemalte *portela*, der als wahrer Künstler gelten kann. (© C. Parvulesco)

Die Gondel • **2**

Mit mythologischen Motiven verzierte *portela*
(© C. Parvulesco)

Tola mit zeitgenössischen Motiven und besonders prächtigen Eisenbeschlägen
(© C. Parvulesco)

Zierbeschläge um die Aufnahme der *forcole* (© C. Parvulesco)

Die Messingbeschläge am Rumpf schützen diesen, wenn zwei Gondeln nebeneinander vertäut sind, wie hier zu sehen ist.
(© C. Parvulesco)

Gondeln
67

2 • Die Gondel

Die Eisenbeschläge

Rankenmotive an einem Heckbeschlag (© C. Parvulesco)

Der vornehmlich ins Auge fallende Beschlag ist der Bugbeschlag, auch *dolfin* (Delfin) genannt, der sich zu einem der typischsten Elemente der Gondel entwickelt hat. In der heutigen Gestalt taucht er erstmals im 17. Jahrhundert auf. Anfangs handelte es sich bei den Beschlägen lediglich um schmale Verstärkungen aus Metall, die Bug und Heck schützen sollten und die gleichermaßen als optische Hilfe beim Manövrieren dienen konnten, wenn es unter den Brücken oder beim Anlegen vor den Palazzi eng zuging.

Bug- und Heckbeschlag

Ursprünglich stellten die beiden gekrümmten Beschläge nichts weiter dar als identisch geformte Schiffsschnäbel. Als sich im Laufe der Zeit die Form der Gondel verfeinerte, wurde der Bugbeschlag dünner gestaltet, der Heckbeschlag erhielt eine kleine Volute und gehorchte insgesamt mehr ästhetischen als funktionalen Zwecken. In einem Register aus dem Jahr 1462 wird ein Bugbeschlag unter der Bezeichnung *Delfino* erwähnt, ebenso im Jahr 1485. Der Bugbeschlag begann immer ausgeprägtere Gestalt anzunehmen. Um 1600 enthielt seine archaische Form Ansätze der späteren Gestaltung, er wuchs und lief den gesamten Bug entlang. Ein Jahrhundert danach ist seine Form ausgereift, die Sporne oder Zähne sitzen an einem gemeinsamen Blatt und sind komplex ausgeformt. Um die selbe Zeit wird die Ähnlichkeit zwischen der „Schnauze" des Delfins und dem heraldischen Horn der Fürstenfamilie, der *zoia*, besonders im Falle einer Fürstenfamilie namens Delphin, offenbar. Ein solcher Bugbeschlag in entsprechender Ausformung ist im Metropolitan Museum of Art in New York aufbewahrt. Nach einer volkstümlichen Überlieferung symbolisieren die sechs Zähne am Bugbeschlag die sechs *sestiere* oder Bezirke von Venedig: Dorsoduro, Santa Croce, San Marco, Castello, San Polo und Canareggio, während der siebte Zahn an der Rückseite für die Insel Giudecca steht. Zwischen den Zähnen befinden sich kunstvoll verzierte Schraubenköpfe. Die Schrauben selbst halten den Beschlag am Rumpf fest. Der Bugbeschlag besteht aus poliertem Eisen oder Stahl und wiegt zwischen acht und zwanzig Kilogramm. Neben dem ästhetischen Zweck dient er auch als Gegengewicht zum Gondoliere im Heck. Die Schmiede, die sich auf die Fertigung von Gondelbeschlägen spezialisier-

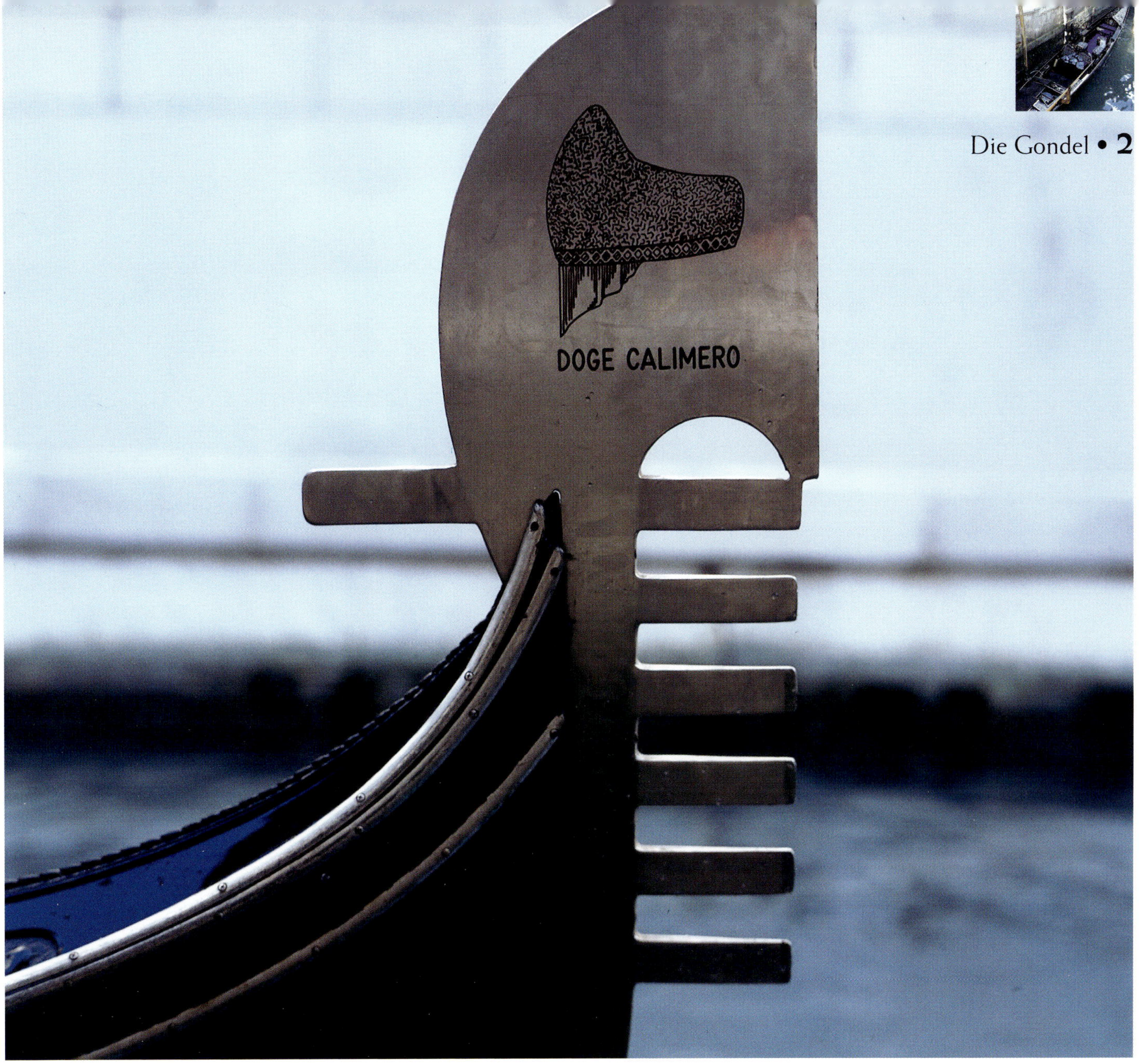

Die Gondel • 2

Zeitgenössischer Bugbeschlag mit Gravur (© C. Parvulesco)

Die Entwicklung der Gondel (Zeichnung von Roberto Pisch)

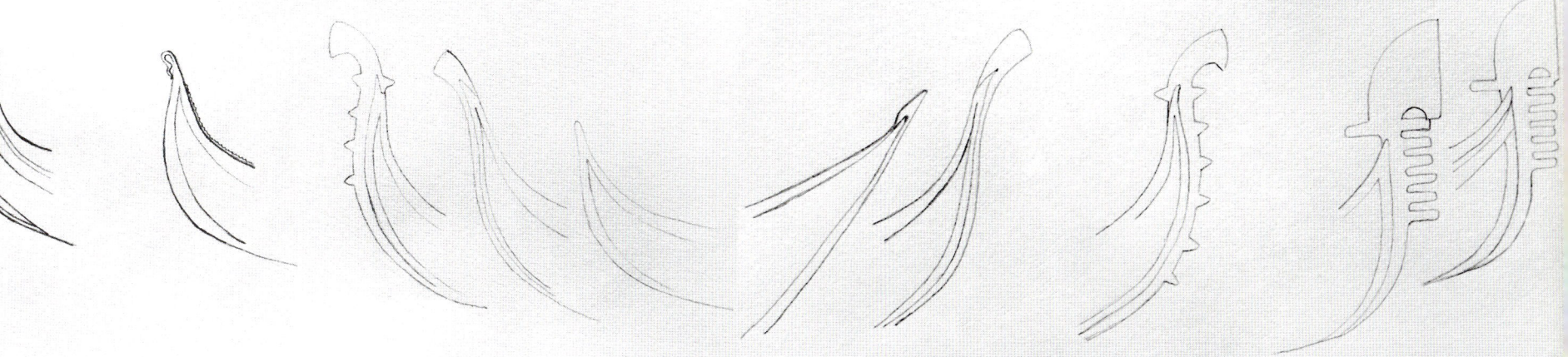

Gondeln
69

2 • Die Gondel

Heckbeschlag mit Ranken an einer modernen Gondel (© C. Parvulesco)

ten, erlangten in der Fertigung wahre Meisterschaft und ab dem 18. Jahrhundert verwendete man einen relativ korrosionsbeständigen Stahl. Wie alle übrigen Teile der Gondel fielen auch die frühen, üppig mit Voluten verzierten, vergoldeten und ziselierten Bugbeschläge rasch den Anti-Luxus-Gesetzen zum Opfer, die ab 1562 von den *proveditori alle pompe* in Kraft gesetzt wurden, um den Auswüchsen in der Zurschaustellung von Luxus, dessen sich die reichen Kaufleute schuldig gemacht hatten und damit den sozialen Frieden der Stadt gefährdeten, zu begegnen. Diese Gesetze galten wohlgemerkt nicht für die Gondeln auswärtiger Botschafter und des Apostolischen Nuntius, die sich diplomatischer Immunität erfreuten und die sich aus Nationalstolz gegenseitig an Glanz zu übertrumpfen trachteten. Der Heckbeschlag war kleiner, aber nicht weniger komplex gestaltet. Auch ihn gab und gibt es in einer Vielzahl von Ausführungen, am häufigsten zieren ihn kleine, elegante, ziselierte Ranken. Manche frühen Formen bestehen dagegen einfach aus einem gebogenen Metallstück. Zu Zeiten des Faschismus sah man des Öfteren die Rutenbündel der „Liktoren" des Mussolini-Regimes. Zu den beiden weithin sichtbaren Beschlägen an Bug und Heck gesellen sich den Rumpf entlanglaufende Beschläge aus halbrunden Messingleisten, in jüngerer Zeit auch solche aus rostfreiem Stahl, die das Boot bei den Anlegemanövern und beim Manövrieren an Kais vor Beschädigungen schützen sollen. Zusätzliche Verstärkungen befinden sich um die Führung des Ruders herum und von den Schmiedemeistern gefertigte Platten aus kunstvoll gearbeitetem Messing oder Stahl verstärken die Ränder der Haltekerben der *forcole*. Der Schmied liefert zudem nach den Angaben der Werft den Bugbeschlag.

Der Schmied

Die Herstellung dieses symbolträchtigen und wichtigen Elements gibt uns Gelegenheit, die handwerklichen Traditionen, die beim Bau der traditionellen Gondel vorherrschen, ins rechte Licht zu rücken. Zwar nehmen die Schmiede, wie auch andere Vertreter des Handwerks, für den Entwurf diverser Teile gerne Vorlagen zu Hilfe, doch kommt der Moment, in der Regel bereits bei Ablegung der Meisterprüfung, wo der vormalige Lehrling sein Meisterstück durch den Neubau eines Werkstückes oder den Nachbau eines berühmten alten Stückes abliefert. Die Meisterschaft im Umgang mit dem Winkel und dem Zirkel hat bereits seit dem Hochmittelalter das Selbstverständnis der Zünfte geprägt. Beim Bau nicht standardisierter Teile erweist sich diese als ungemein hilfreich, um das Werk und seine Einzelteile in einem harmonischen System zu skizzieren, auf dem seine Ästhetik beruht.
Im Falle des *dolfin*, also der oberen Verlängerung des Bugbeschlages, spielen die Größenverhältnisse der zu bauenden Gondel eine Rolle, die als

Die Gondel • **2**

Einfacher Heckbeschlag einer Gondel aus Murano (© C. Parvulesco)

Ausgangsbasis für dessen Linienführung dienen. Der *dolfi* wird außerdem vom Schmied bearbeitet, der die Form seiner Basis der Krümmung des Gondelbugs anpasst (siehe Abbildungen auf den Seiten 72 und 73). Der Entwurf nimmt seinen Ausgang mit einem gezeichneten Rechteck von 15 venezianischen Unzen Breite und 30 Unzen Höhe, also dem Doppelten der Breite. Dieses Basisrechteck wird in acht kleinere Rechtecke aufgeteilt, die ersten vier davon auf der rechten Seite des Entwurfes werden wiederum in acht Rechtecke aufgeteilt (siehe „Fig. 2" auf der Abbildung S. 72 links). Eines der Rechtecke wird durch zwei Diagonalen geteilt, die zwei übereinander gelegte Kreuzformen ergeben. Einer Methode folgend, die der Bestimmung des Goldenen Schnittes ähnelt, wird an einer der Seiten ein Kreisbogen angesetzt, dessen Durchmesser der halben Diagonale des Grundrechtecks entspricht. Damit wird der Abstand B-E definiert, der der Länge eines Zahnes des Beschlages oder dem Abstand zwischen zwei Zähnen entspricht. Vom Punkt E aus zieht man eine Gerade zu den Rändern. Wo diese sich mit der Diagonalen des zweiten linken Rechtecks von unten trifft, markiert man den Punkt F als zentralen Achspunkt des *dolfin*, anhand dessen die Ausmaße der Eisenbasis festgelegt werden. Dann folgt der Entwurf der hinteren Krümmung des oberen Teiles des Beschlages, später wird der vordere Teil der *palla* gezeichnet, und zwar wiederum durch Kippen des *dolfin*. Die Krümmung der *palla*-Basis wird mit dem Zirkel markiert, ebenso diejenige des hinteren Teiles. Dann werden die sieben Zähne eingezeichnet. Diese Entwurfsmethode ist ein Beispiel für die praktische Anwendung der Geometrie und der inhärenten proportionalen Logik im Rahmen des Gondelbaues. Es muss nicht eigens betont werden, dass der gesamte handwerkliche Gondelbau sich, im traditionellen Blickwinkel, dieser pythagoreischen Vision unterordnet.

Mehrere Gondeln mit verschiedenen Bugbeschlägen (© C. Parvulesco)

Vom Entwurf zum fertigen Stück

Sobald die Dimensionen festgelegt sind, kann die eigentliche Schmiedearbeit beginnen. Es handelt sich beim Beschlag nicht um eine zurechtgesägte und grob mit der Feile bearbeitete Metallplatte, sondern um ein aus einem Stahlblock gewonnenes Teil. Dieses wird in Form gehämmert, während die Zähne entwurfsgemäß angeschweißt werden. Durch das Hämmern erhält die Oberfläche des Werkstückes leichte Unregelmäßigkeiten, die nach der Fertigstellung das Sonnenlicht brechen und ganz besondere Lichteffekte hervorbringen, ganz anders als bei poliertem Stahl. Nach den verschiedenen Arbeitsschritten beim Schmieden behandelt man die Form mit der Feile nach, was ihr den letzten Hauch Eleganz verleiht. Die *fogia*, also die sichtbaren, mit Ornamenten verzierten Köpfe der Befestigungsschrauben, werden mit der Feile aus Metallblöcken herausgearbeitet, die in der Schmiede zuvor im Durchmesser reduziert wurden. Die *fogia* helfen, den Beschlag am Bug zu fixieren. An schlecht gepflegten Gondeln fehlen sie häufig aufgrund von Verlust oder Diebstahl. Der Bugbeschlag mit seinem durchschnittlichen Gewicht von über 14 Kilogramm und seiner Stärke von 15 bis 20 Millimetern ist ein komplexer, wertvoller Gegenstand und ein mustergültiger Beitrag des Metallhandwerks zu den Holzkünsten.

2 • Die Gondel

Illustration des Bugbeschlages und seiner Bestandteile
(Aus *Il ferro da gondola* von E. und A. Ervas)

Rohling und Vorlagenskizze für die Gestaltung des Bugbeschlages
(Aus *Il ferro da gondola* von E. und A. Ervas)

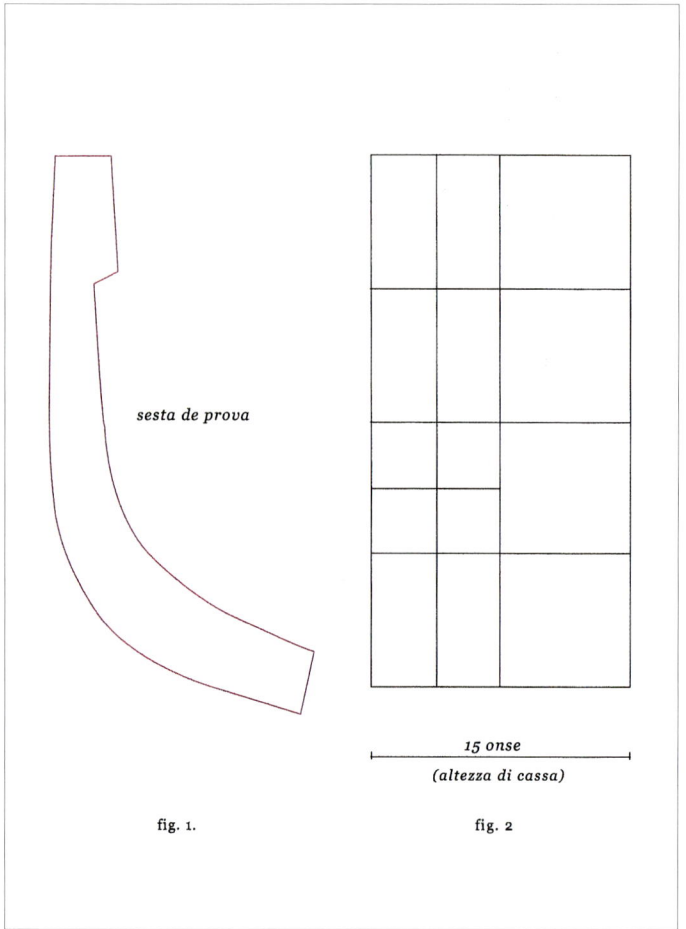

sesta de prova

15 onse
(altezza di cassa)

fig. 1.   fig. 2

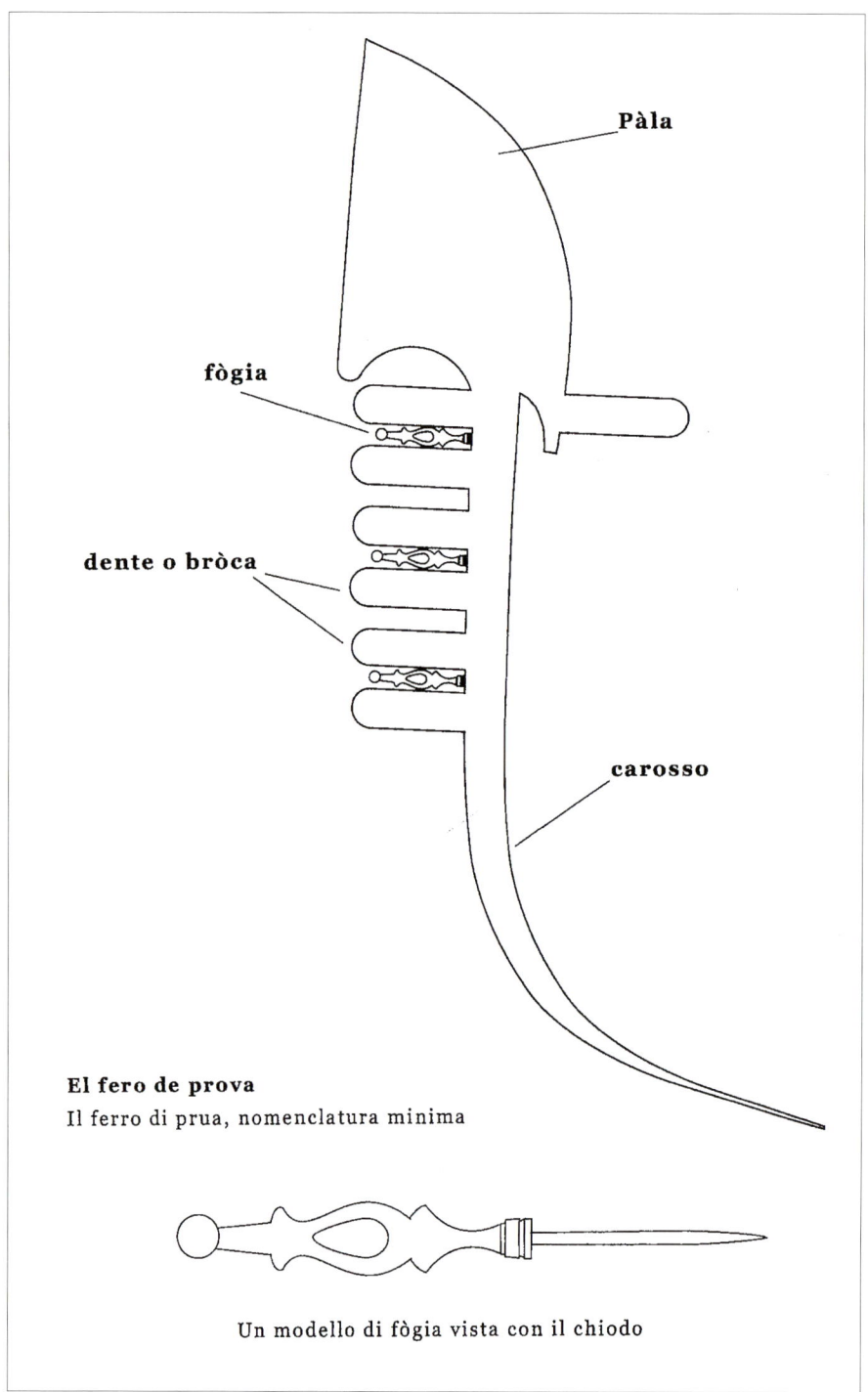

Pàla

fògia

dente o bròca

carosso

El fero de prova
Il ferro di prua, nomenclatura minima

Un modello di fògia vista con il chiodo

Gondeln
72

Die Gondel • **2**

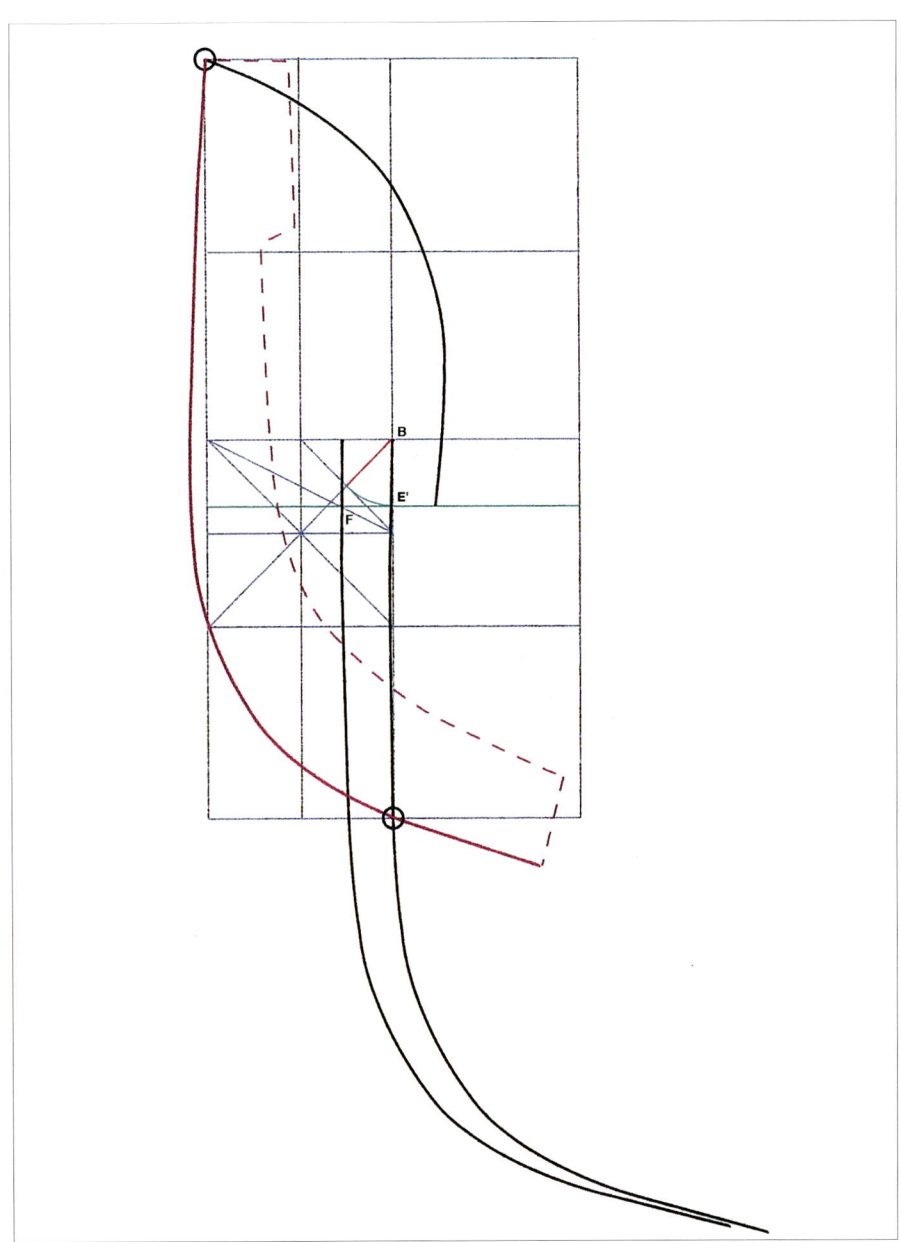

Skizzierung des Beschlagkopfes auf der Vorlagenskizze
(Aus *Il ferro da gondola* von E. und A. Ervas)

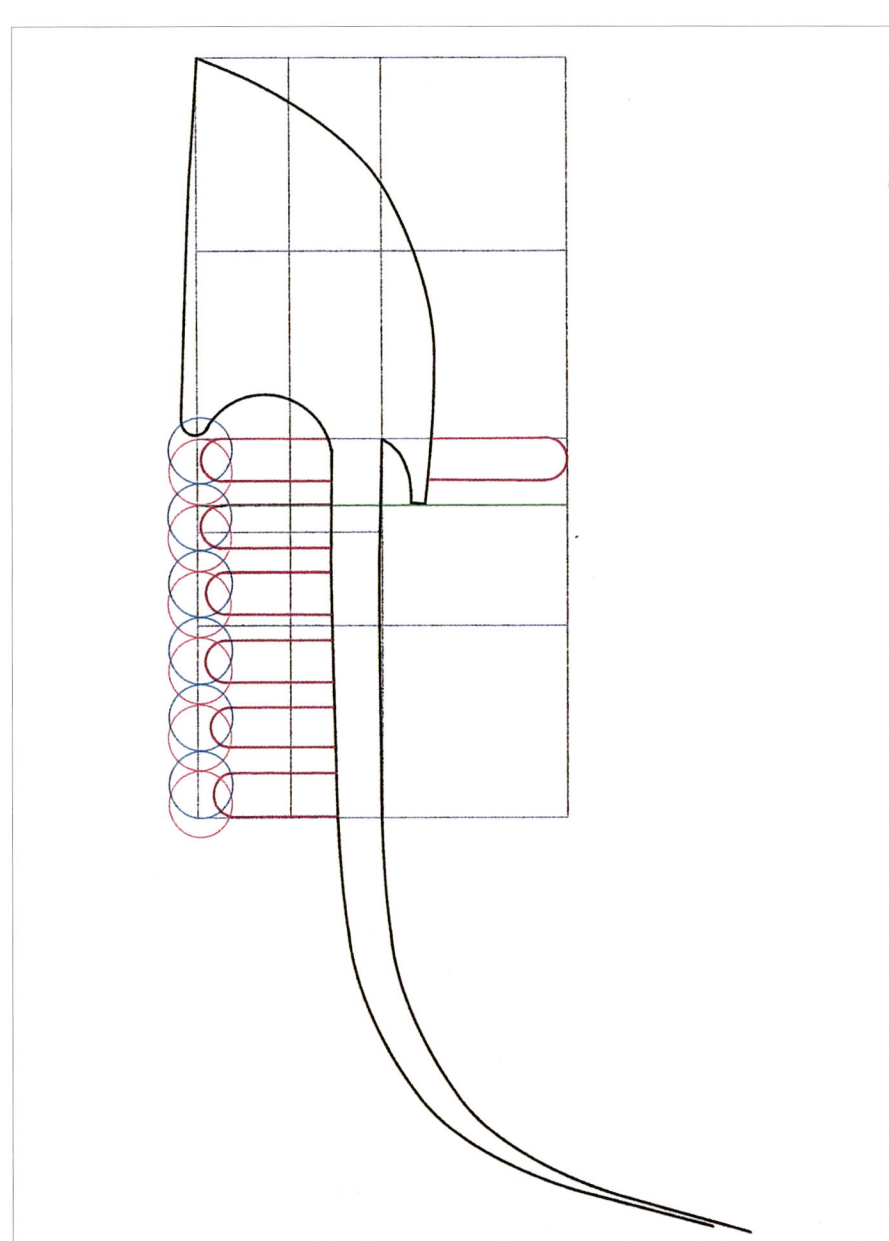

Weitere Detaillierung auf der Vorlagenskizze
(Aus *Il ferro da gondola* von E. und A. Ervas)

Bugbeschläge an zwei modernen Gondeln (© C. Parvulesco)

Arbeitsschritte bei der Herstellung eines Bugbeschlages (© C. Parvulesco)

Herstellung der Zähne eines Bugbeschlages (© C. Parvulesco)

Die Gondel • **2**

Forcole und Ruder

Ebenso wie der Bugbeschlag ist auch die *forcole* eines der emblematischen Symbole für die Gondel geworden. Diese, im Museum of Modern Art in New York als Beispiel für die zeitgenössische abstrakte Kunst ausgestellt, ist in der Tat das Ergebnis einer Begegnung von präzisen technischen Anforderungen mit einer faszinierenden, dreidimensionalen Ästhetik – Vorläufer dessen, was wir heute Design nennen.

Ursprünglich handelte es sich bei der *forcole* um ein einfaches Holzstück mit einer oder zwei Aussparungen zur Führung des Ruders. Seine historische Entwicklung ist durch zahlreiche ikonographische Darstellungen dokumentiert, angefangen bei den Gemälden der Renaissancezeit. Viele der venezianischen Meister haben uns Gemälde hinterlassen, die die Gondeln in ihrer verschwenderischen Pracht detailreich darstellen und uns als Zeugen dienen können. Bei Salzwasserschiffen und in den Ländern Nordeuropas, wo man im Sitzen ruderte, diente zur Führung des Ruders oder der Ruder eine simple Bronzedolle oder, bei den ältesten Booten, ein hölzerner Haken und ein Hanfseil. Für das Rudern im Stehen, das häufig im Hafen oder entlang der Küste praktiziert wurde, genügte hingegen zumeist eine simple Kerbe am Heck. Die Enge und die kurvenreiche Streckenführung der Kanäle und der dichte Verkehr auf diesen Lebensadern der stark bevölkerten Stadt führten rasch zu einer Verlegung des Ruders, das in der Folge von erhöhter Position über Deck aus bedient wurde. Später kam es zur Entwicklung einer gegenläufigen Kerbe, um mit dem Ruder das Boot abbremsen zu können. Dieser hölzerne Sporn war anfangs noch recht einfach gestaltet, wurde aber im Laufe der Zeit, den Anforderungen des Ruderns auf venezianische Art gemäß, fortentwickelt. Fast alle Boote der Lagune besaßen eine, zwei oder mehr dieser *forcole*, doch erlangte gerade diejenige der Gondel den höchsten Entwicklungsstand. Die Handelsboote behielten ihre recht einfachen *forcole* bei, die jedoch ebenfalls eine gewisse Eleganz aufwiesen. Das Aufkommen der Regatten im späten 19. Jahrhundert führte zur Entwicklung einer ganzen Reihe verschiedener, höchst komplex gestalteter *forcole*-Typen, die ausschließlich für den Renneinsatz taugten und auf ein perfektes Gleichgewicht von Boot, Ruder und Gondel hin konstruiert waren. Die *forcole* am Bug sind im Allgemeinen flacher, einfacher und kleiner als diejenigen am Heck, die den sechs Hauptpositionen des Ruders entsprechend komplizierter ausgeformt sind. Dadurch kann der Gondoliere sein Boot mit Leichtigkeit, Exaktheit und außerordentlich sparsamen Bewegungen in jede beliebige Richtung lenken. Die *forcole* dient

Eingangstür zur Ruder- und *forcole*-Werkstatt von Brandolisio, der die Tradition der Werkstatt Carli fortsetzt. (© C. Parvulesco)

darüber hinaus als Hebelpunkt, der die Kräfte, mit denen der Gondoliere das Ruder bedient, vervielfacht. Die *forcole* sind herausnehmbar und sitzen zwischen Bordwand und Spantengürtel in einer durch einen Metallbeschlag verstärkten Öffnung. Der Beschlag richtet sich in seiner Beschaffenheit nach dem übrigen Zierrat des Bootes. Auch bescheidenere Gondeln besitzen diese Vorrichtung, doch nur die *forcole* der luxuriöseren Boote weisen an den Stellen, die nicht mit dem Ruder in Kontakt kommen, erhabenes Schnitzwerk auf, das aus Ranken oder symbolischen Figuren besteht. Es gibt noch einige Werkstätten in Venedig, die *forcole* herstellen: Am bekanntesten sind die Ateliers von Saverio Pastor und Paolo Brandolisio, die auch noch Ruder nach traditioneller Art fertigen. Die Rudermacher besaßen zu Zeiten der Republica Serenissima ein sehr hohes Ansehen, hatte der Staat doch einen immens großen Bedarf an Rudern, um seine Galeeren auszurüsten. Die meisten von ihnen stellten darüber hinaus auch Masten für Segelschiffe jeglicher Größe her.

Die *forcole* werden aus einem soliden Stück Nussbaumholz hergestellt. Für Gondeln bestimmte *forcole* werden aus einem sorgsam ausgewähl-

2 • Die Gondel

Forcole-Rohling und die Rückenlehne eines Mahagoni-*careghin* (© C. Parvulesco)

Ein Nussbaumblock für die Herstellung einer *forcole* (© C. Parvulesco)

ten, absolut makellosen Holzklotz geschnitten. Nach der Auswahl des Holzes entsteht mit der Bandsäge ein erster Rohling, sorgfältig an der Maserung des Holzes und dem Kern des Holzblocks orientiert, damit die Oberfläche nicht splittert. Den Planskizzen folgend wird die Form dann grob herausgearbeitet, das Holz in einen speziellen, fest in den Boden der Werkstatt eingelassenen Schraubstock gespannt und mit einem Zimmermannsbeil weiter bearbeitet. Der *morseti* genannte Schraubstock ähnelt in seinem Aufbau den kleinen Schraubstöcken der Holzschnitzer und erlaubt von allen Seiten Zugang zum Holzstück. Hier wird die endgültige Form mit der Säge herausgearbeitet, das Ganze dann mit der *doloar*-Axt und schließlich mit dem Kratzeisen weiter verfeinert. Danach geht die *forcole* zum Schnitzer, der sie mit Ornamenten verziert und abschließend mit Leinöl behandelt. Die Ruder werden heutzutage in denselben Werkstätten hergestellt wie die *forcole* und verlangen wie diese lediglich nach einfachen Werkzeugen bei der Herstellung. Die Umrisse von Ruderblatt und Stange werden zunächst gegeneinander verkehrt auf ein Holzstück aufgetragen, das Holz misst im Durchmesser 54 Millimeter, in der Breite 180 Millimeter und in der Länge etwas mehr als vier Meter. Mit der Säge werden dann die rohen Formen herausgearbeitet, die beiden Ruderstangen und ein rechteckiges Stück für das Ruderblatt. Letzteres wird von Hand mit Hilfe eines gebogenen Ziehmessers bearbeitet, um seine typische zylindrische Gestalt zu erhalten. Die Ruderblattrohlinge werden gehobelt und zur Verstärkung mit zwei Buchenholzleisten verklebt, deren Enden angeschrägt

Die Gondel • 2

Paolo Brandolisio bei der Arbeit an einem *forcole*-Rohling (© C. Parvulesco)

und in entsprechende Nuten an der Basis der Ruderblätter eingesetzt werden. Das Blatt selbst wird mit dem Hobel und auf der Rauhbank in Form gebracht, abgeschliffen und fertig gestellt. Das vordere Ruder ist in der Regel etwa zehn Zentimeter kürzer als das Heckruder und eine Einkerbung an der Spitze verrät seinen besonderen Einsatzzweck. Die Konstruktion von Rudern für Regattagondeln ist eine Welt für sich, bei der die exakte Nachgiebigkeit des Materials, die Größe des Blattes, die Proportionen des Ruders und seine Dicke für die Eigenschaften dieses vermeintlich simplen Gegenstandes eine prägende Rolle spielen. Die *forcole* für die Renn-Gondeln entstehen nach alten Vorbildern und in enger Zusammenarbeit zwischen Handwerker und Sportler. Dies ist das Gebiet, auf dem sich das Genie von Handwerkern wie Saverio Pastor oder Paolo Brandolisio, dem Nachfolger der Familie Carli, ihren Tummelplatz gestalten.

Gondeln
79

Forcole-Rohling
aus Nussbaumholz
(© C. Parvulesco)

Forcole-Rohling aus Nussbaumholz (© C. Parvulesco)

Drei *forcole* v.l.n.r.: Bug-, Heck- und Lastschiff-*forcole* (© C. Parvulesco)

Besonders leichte Luxus-*forcole* (© C. Parvulesco)

Rohling einer Bug-*forcole* aus Nussbaumholz (© C. Parvulesco)

Der *forcole*-Hersteller liefert auch weitere Teile, wie etwa diesen Wasserschöpfer aus Pappel. (© C. Parvulesco)

Nussbaumholzblock und zwei alte *forcole* (© C. Parvulesco)

Gestell mit Schraubzwingen und Hobeln, den Werkzeugen der Rudermacher (© C. Parvulesco)

Durch Gebrauch und Witterung leicht patinierte *forcole* (© C. Parvulesco)

Eine *forcole* am Heck einer Gondel (© C. Parvulesco)

Ruderstange in Bearbeitung (© C. Parvulesco)

Ein Ruderblatt; Gut zu sehen sind die verschiedenen Hölzer. (© C. Parvulesco)

Herstellung eines Ruders (© C. Parvulesco)

2 • Die Gondel

Bearbeitung eines Stückes aus Messingguss im Schraubstock (© C. Parvulesco)

Die ottonai und die Bronzekunst

Das Werk der *ottonai* kommt an vielen Elementen der Gondel zum Tragen, angefangen bei den weithin sichtbaren *cavai*, die die Armlehnen der Sitzbänke schmücken und die Relingkordeln tragen. Es beschränkt sich aber nicht auf diesen figürlichen Schmuck, auch weiteren Zierrat wie die *canoni*, die bei Tage im Vorderteil des Bootes ein Blumenbouquet, bei Nacht den *feral* oder *faral* aus reliefgeschmücktem Messing tragen, liefern die Handwerker an die Werften.

Die *ottonai* formierten sich im Venedig des 14. Jahrhunderts zur Gilde der Kunstschmiede, gaben sich ein Ehrenstatut und machten sich durch ihre Produktion, die zahlreiche Gegenstände des täglichen Gebrauchs umfasste, unentbehrlich. Da Messing und Bronze weniger anfällig für Oxydation als Eisen sind, fanden Gegenstände aus diesen beiden Legierungen rasch den Zuspruch der Seeleute und des Arsenals der Kriegsmarine. Degengriffe, Kerzenhalter, Laternen, Baldachinstangen, Kleiderhaken, Türglocken, soldatische Ausrüstungsstücke, die Schaffensbandbreite der *ottonai* kannte keine Grenzen. Nach dem Zweiten Weltkrieg schrumpfte die Zahl der Werkstätten, die wenige Jahre zuvor noch über ein Dutzend betragen hatte, auf eine einzige zusammen, die im Stadtviertel Canareggio ansässig ist. In der

Die Gondel • 2

Gießerei arbeitete man zumeist mit einem Holzmodel, das der mit dem *parecio* beauftragte Handwerker stellte, besonders im Falle der *cavai*, den emblematischen Meerestieren oder -figuren, von denen jede Familie ein Muster besaß. Beim Gießen fanden zwei verschiedene Methoden Anwendung: Die sehr alte Technik *a staffa* (mit Sand) oder das jüngere und komplexere Verfahren des Wachsgusses. In letzterem Fall wird eine erste weiche Form des Objektes aus einem Kompositmaterial gefertigt, die dann mit Wachs gefüllt wird. Das ausgehärtete Wachs wird aus der Form entfernt und in die definitive Form aus Sand eingelegt. Das glühende Gussmetall lässt das Wachs schmelzen und nimmt dessen Platz ein, was höhere Genauigkeit garantiert. Bei der traditionellen, delikateren Methode hinterlässt das zu reproduzierende Objekt selbst im Sand, der sich in Ober- und Unterkasten der Gussform befindet, einen Abdruck. Das Metall wird geschmolzen und die Form aufgebrochen, damit der Abguss entnommen werden kann. Der Abguss wird dann mit Meißel und Feile bearbeitet, um die Details hervortreten zu lassen. Schließlich erfolgt als letzter Arbeitsgang das Polieren, Lustrieren oder Beizen, um dem Objekt seinen Glanz zu verleihen oder es erhält eine Patina durch Einlegen in ein ätzendes Bad. Viele derartige Gegenstände finden sich heutzutage auf den Status billiger Souvenirs herabgewürdigt und werden industriell gefertigt.

Cavai-Modelle in der Werkstatt des Kunstschmieds (© C. Parvulesco)

Ein Messingstück, Teil des *parecio*, während der Herstellung (© C. Parvulesco)

2 • Die Gondel

Heckbeschlag aus Messing während der Bearbeitung (© C. Parvulesco)

Cavai-Modell in der Werkstatt (© C. Parvulesco)

Feral de codega; Man sieht den Haken zum Einhängen der Laterne. An modernen Gondeln ist der *feral* nicht mehr üblich. (© C. Parvulesco)

Bug-*canon* (© C. Parvulesco)

Beschläge des *parecio* (© C. Parvulesco)

Die Gondel • 2

Die felze – historischer Teil der Gondel

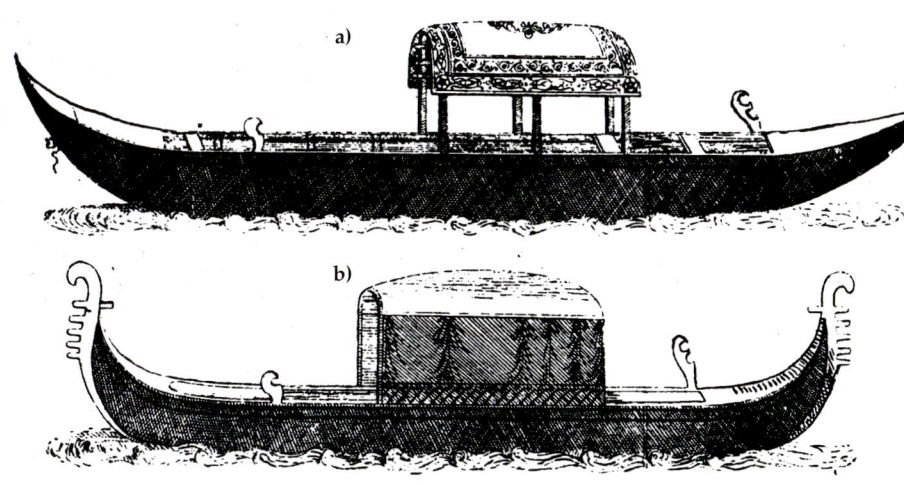

Die *felze* war ursprünglich ein schwerer Stoff, ein dickes Tuch oder ein bunter Teppich, der über links und rechts an der Reling befestigte Pfosten gespannt wurde, um die Passagiere vor der Witterung zu schützen. Im Laufe der Zeit wurde aus der *felze* ein wahres Wohnzimmer mit reich verzierten Möbelstücken, insbesondere nachdem die Luxusgesetze gegen Ende des 19. Jahrhunderts völlig außer Kraft gesetzt wurden. Der ursprüngliche Zweck, nämlich der Schutz vor Regen und Wind, trat bald gegenüber der Tatsache in den Hintergrund, dass die *felze* an Bord Intimität und Diskretion sicherte und zwar sowohl vor der Öffentlichkeit als auch dem Gondoliere. Sie ist mit einem Diwan ausgestattet und durch eine Tür zugänglich, die sich auf der dem Gondoliere abgewandten Vorderseite des Bootes befindet. Die Fenster besitzen entweder Jalousien oder können durch schwere, schwarze Velourvorhänge verschlossen werden. Dieses schwimmende, intime und diskrete kleine Boudoir entwickelte sich rasch zum bevorzugten Ort für die Freuden der Liebe, aber auch für Verschwörungen aller Art, wobei der Gondoliere treu bis zum Tod am Bug Wache hielt – allerdings manchmal auch als Spitzel für den Rat der Zehn. Die *felze* diente als Ambulanz, als schwarzes Grab, als schwimmende Gruft, als Liebesnest, als Grüne Minna, als Brautgemach. Seit dem Konzil von Trient konnte man auch in einer privaten Kapelle heiraten, wofür sich die Gondel geradezu empfahl. Sobald der Priester von Bord war, konnte man die Hochzeit auch gleich dort vollziehen! Die Gondel verdankte ihre Vielseitigkeit in der Hauptsache ganz zweifellos der *felze*. Dieser barocke, abnehmbare Aufbau trug ferner ganz entscheidend zur intimen Eleganz der damaligen Gondel bei. Der Adel, der die jüngst entstandenen Kaffeehäuser nicht frequentierte, genoss das Getränk in guter Gesellschaft an Bord. Während des Karnevals dienten vertäute Gondeln als Umkleidekabinen und als „sturmfreie Bude" für pikante Abenteuer. Im 18. Jahrhundert entwickelte sich die *felze* zu einem komplizierten Gebilde, das von außen schlicht wirkte, innen aber mit raffiniertem Luxus verwöhnte. Mit üppigen Seidentapeten, Velourskissen und goldenem Zierrat versehen besaßen diese *felze* in aller Regel Fenster aus Kristallglas und Mobiliar aus vergoldetem Holz. Die Aufbauten blieben einfach, die ganz Reichen ließen sie aber mit feinen Skulpturen an Tür und Dachträgern ausschmücken. Die schwarze Farbe der *felze* tauchte, wie auch im Falle der Gondel insgesamt, um das Jahr 1400 auf. Sämtliche *felze* sind mit einem schweren

Entwicklung der *felze* im Laufe der Jahrhunderte:
a) 15. Jahrhundert
b) 16. Jahrhundert
c) 17. Jahrhundert
(Sammlung MZ)

Gondel mit *felze*, spätes 17. Jahrhundert (Sammlung MZ)

Gondeln
91

2 • Die Gondel

Gondeln mit *felze* auf dem Canale Grande vor dem Palazzo Grimani (Sammlung MZ)

Felze-Hersteller, nach einer Zeichnung von Grevenbroch (Sammlung MA)

Stoff aus schwarzer Wolle bedeckt, der wasserdicht und mit 24 großen und 26 kleinen Seidenpompons verziert ist. Ausnahmen sind lediglich die *felze* des Dogen, die von roter Farbe ist und die *felze* des Patriarchen von Venedig, die durchgängig in Gold gehalten ist. Die *felze* entwickelte sich also im Laufe der Jahrhunderte von einem einfachen Wetterschutz zu einem sehr kostbaren, schwergewichtigen und ausladenden Gegenstand, der es besonders bei stürmischem Wetter schwierig machte, die Gondel in der Balance zu halten. Als Beleg wollen wir hier auf die Geschichte verweisen, die Giacomo Casanova in seinen Memoiren erzählt: Er wollte sich mit einer Mätresse treffen, als die Gondel ein Windstoß traf. Casanova warf dem Gondoliere einige Silberstücke hin und hieß ihn, die *felze* ins Meer zu werfen, damit das Boot nicht kenterte. Heute existieren nur noch einige wenige *felze* und zugehörige Messing- und Bronzezierden, die in Museen verwahrt werden. Typischer Zierrat ist die an der Vorderseite angebrachte *satina*, üblicherweise rechts vom Eingang unter dem Wappen des Besitzers. Dabei handelt es sich um eine kleine Figur des jeweiligen Schutzheiligen in einem Holzkasten mit Messingbeschlägen und einer Glasscheibe. Darunter befindet sich der *feral de codega*, eine kleine Leuchte aus verziertem Messing, die den Passagieren beim Ein- und Aussteigen im Dunklen den Weg wies. Ab der ersten Hälfte des 15. Jahrhunderts war es Vorschrift, in den *calli* von Venedig des Nachts mit Leuchte zu verkehren. Der Beruf des Laternenmannes oder *codéga* geriet mit den Anfängen

Die Gondel • **2**

der öffentlichen Beleuchtung um 1730 in den Hintergrund und verschwand nach Einführung der Gasbeleuchtung 1843 gänzlich. Das letzte Überbleibsel der *felze*, die *tenda da sole*, ist ein leichtes Zelt, das die *felze* im Sommer ersetzte und noch heute in Gebrauch ist, aber in absehbarer Zeit wohl verschwunden sein wird. Die *felze* wurden nicht im *squero* gefertigt, sondern bei den Herstellern des *parecio*, den Möbelbauern und Holzschnitzern. In alten Dokumenten werden auch spezielle *felseri* genannt. Die *felze* waren ausladend, im Laufe der Zeit obsolet geworden und wurden anderswo verwendet, etwa in den Vorhallen der Palazzi – auch die edelsten Exemplare verschwanden nach und nach, von der Feuchtigkeit aufgefressen. Die Silhouette der Gondel veränderte sich dadurch, doch hat sie die Erinnerung an die amourösen Intrigen und die veloursverhängten Fenster, die sie verbargen, in ihrem Inneren bewahrt.

Einfache *felze* an einer Gondel von Murano (© C. Parvulesco)

Feral de codega **samt Laterne am Grabmonument der Familie Casal** (© C. Parvulesco)

Gondeln

93

Gondel mit *felze*, Foto aus dem späten 19. Jahrhundert (Sammlung MA)

Gondel mit *tenda* (oder Sommer-*felze*) auf dem Canale Grande
(Sammlung MZ)

Gondola de casada
mit **Sommer-*tenda***
(Sammlung MA)

Gondel und Gesellschaft

Allzu sehr triumphiert dort Venus

Venus wird dort sicher mehr verehrt

Als zu Zeiten der Griechen auf Kytherea

Denn an gutem Ruf

An Freiheit und Wertschätzung

Kommt dort die Dirne

Der keuschen, ehrbaren und züchtigen Frau gleich

Und sie lieben dort (wie es heißt) die

Venus, die aus dem Meer geboren wurde

Und weil es auch auf dem Meer seinen Anfang nahm

Sei Venedig Erbin der Venus

Und daher schuldet man ihr dort Verehrung

So wird dort verteidigt

Was dort erlaubt und weit verbreitet ist.

Clément Marot, 1536

Gondola de casada **vor der Brücke an der Piazza Zani Polo (Sammlung MA)**

Gondel und Gesellschaft • 3

Die venezianische Libertinage und die erotische Gondel

Kleiderordnung für die zwei Arten von Prostituierten im 17. Jahrhundert: *puttana* und *meretrice* (Sammlung MA)

Die sozusagen weibliche Natur der Lagunenstadt, die in dem nebenstehenden bittersüßen Auszug aus dem *Épitre à la duchesse de Ferrare* thematisiert wird, findet ihr Echo auch in den Versen Apollinaires, der fünf Jahrhunderte später die Stadt Venedig mit dem weiblichen Geschlecht vergleicht. Legion waren die Literaten und Poeten, Philosophen und Lebemänner, die in Venedig die ewig lockende Eva erkannten, bedrohlich und intim-verführerisch. Manchen, etwa Montesquieu, waren dieser Eindruck und die toleranten, ja laxen Sitten ein Gräuel, andere ließen sich verleiten, das Spiel der Wolllust mitzuspielen und Lobeshymnen auf die meergeborene Venus zu singen. „Denn seit Jahrhunderten wird die Stadt Venedig erlebt, gefühlt, besessen und verloren – wie eine Frau ist sie ein vieldeutiger Ort des Verlustes und des Wiederfindens, mütterlich, düster in ihren Kanälen, zwiespältig in ihren gefährlichen Spielen, tausendfach durchmessen und doch unbekannt, auf ewig geheimnisvoll. Die Erinnerung an den Duft einer Frau erweckt jenseits der vergangenen Liebe die Sehnsucht nach dieser Liebe. Keine Stadt wurde je so wie eine Frau geliebt wie Venedig. Vielleicht wegen dieses Duftes, wegen dieser Art, sich durch den Duft zu verraten." Diese Zeilen aus Alberto Savinios Buch *Ascolto tuo cuore, città* künden von der Faszination der Frau-Stadt, die atmet und ihren betäubenden Duft mit irritierender Schamlosigkeit darbietet. Und die wahre Natur dieser tausendjährigen Stadt, ihr Geschlecht sozusagen, war die Bühne für all die Exzesse, all die Leidenschaft und all das Laster. Allegorie für das ewig Weibliche in den Herzen der Dichter oder wüstes und dekadentes Bordell, der Reinheit entblößt, jenseits aller Moral – Venedig, wo sich inbrünstige Dramen abspielten, entzündet noch immer die Fantasie. Von der Trübsal des Aretino bis zu den brünstigen Episoden im Leben des Casanova, von den Eroberungen des Lord Byron bis zur fiebergleichen Liebe von George Sand und de Musset beherbergte Venedig heimliche und schuldbeladene Liebschaften, umarmte willig flüchtige Liebhaber, Ehebrecher und verlorene Liebende und bot ihnen Frieden und Liebestrunkenheit. Venedig war über

Eine Kurtisane an Bord einer mit *felze* versehenen Gondel (Sammlung MA)

3 • Gondel und Gesellschaft

Venedig im Zeitalter der Libertinage; im Hintergrund sichtbar der Bug einer Gondel (Sammlung MA)

Porträt der George Sand von Alfred de Musset (Sammlung MA)

lange Zeit so freizügig wie kein anderer Ort in Europa oder der ganzen damaligen Welt. Zwar war die Stadt katholisch und fromm und nahm wiederholt im Namen der Kirche und des christlichen Glaubens an Kreuzzügen teil, aus politischen Gründen stand sie aber oft im Gegensatz zum Papsttum, wurde des Öfteren von diesem exkommuniziert. Und wenn auch hier, wie überall, die Inquisitoren wüteten, nahmen sie doch Rücksicht auf den alten freiheitlichen Geist Venedigs, der so fest in der Seele der Bewohner verankert war. Die politischen Meinungsverschiedenheiten, die die Serenissima manches Mal mit dem Papst ausfocht, führten ebenfalls dazu, dass man in der Stadt Freigeister tolerierte. Nach der Reformation nahm Venedig dazu viele Protestanten auf. Tolerant und offen, eine Handelsstadt, eine Stadt der Seeleute und des Handels jeglicher Art, Schnittpunkt zwischen Okzident und Orient und dazu einer der Brennpunkte der Prostitution in Europa. Die *meretrice*, die Kurtisanen, lebten im 16. Jahrhundert in Venedig zu Tausenden – sie machten in einer Stadt von insgesamt 150.000 Bewohnern 12.000 Menschen aus. Diese Prostituierten standen im gesamten Kontinent in hohem Ansehen und übten ihr Gewerbe völlig legal aus: Es gab sogar regelrechte Kataloge, in denen sie aufgelistet und ihre Tarife angegeben waren – die Kataloge wurden sorgfältig auf dem neuesten Stand gehalten. Zu jener Zeit existierten verschiedene Arten von Frauen, die ihre Reize feilboten: Die Kurtisanen standen sehr häufig den edelsten Patrizierinnen an Schönheit, Distinguiertheit und Kultur in nichts nach. Die *puttane* übten ebenfalls das älteste Gewerbe der Welt aus, ihre Gunst war freilich weniger teuer erkauft als im Falle der *meretrice* und ihre Gewänder waren andere, damit sie nicht mit jenen verwechselt wurden. Das Prostituiertenwesen war durch Preislisten und Vorschriften präzise geregelt, bis hin zur Arbeitskleidung, deren Farbe und Gestalt ebenfalls Regelungen unterworfen war. Die Orte ihrer Tätigkeit variierten: Während des Karnevals, wo man „unter den Arkaden der *procuraties* ebenso viele Frauen stehen wie liegen sah", fand die Prostitution in der Öffentlichkeit statt, insbesondere um die Piazza San Marco herum, wo sich die Professionellen und die „Liebhaberinnen" gegenseitig Konkurrenz machten. Zu den übrigen Zeiten des Jahres boten sich die Prostituierten eher in den Casinos der adligen Reichen im Zuge der bunten Abende an, bei sich zu Hause oder auch in den Gondeln, wo sie durch die berühmten *felze* geschützt waren, die ein galantes Liebesnest abgaben und, da ein Blick in das Innere nicht möglich war, das

Gleichgeschlechtliches Liebestreiben an Bord einer Gondel, nach einem Aquarell von Couperyn zur Illustration des venezianischen Bordells aus dem Jahr 1921 (Sammlung MA)

Zeitgenössische Darstellung der Libertinage in Venedig (Zeichnung von Roberto Pisch)

Die Enge der Gassen erlaubt keine falsche Scham... (© C. Parvulesco)

Schamgefühl der Passanten vor Verlegenheit bewahrten. Die Prostituierten zeigten sich auf ihren Gondeln um ihre Reize feilzubieten und verschwanden zum Zwecke venerischer Ergötzlichkeiten mit ihren Liebhabern unter der *felze*, wie eine Reihe von Bildern belegt, darunter das berühmte *Corso delle cortigiane in rio de la sensa*.

Was den rechtlichen Status der Gondeln anbelangt, so wurden sie vom Gesetz interessanterweise als Teil der Wohnung betrachtet und waren somit privater, nicht öffentlicher Grund. Aufgrund des Anstiegs der Prostitution zu Lande wie auf dem Wasser gab der Große Rat eine Reihe von Gesetzen heraus, die auf deren Verminderung abzielte und es den Prostituierten ausdrücklich verbot, ihren Geschäften in ihren eigenen oder den Gondeln der Kunden nachzugehen. Sie durften zwar die Kunden auf dem Canale Grande oder an Bord der Gondeln ansprechen, die Ausübung war ihnen aber an Bord verboten und die Fenster und Öffnungen der *felze* mussten offen gehalten werden. Diese Vorschriften waren freilich kaum zu befolgen und bis zum Fall der Republik tat sich der Große Rat schwer, den sexuellen Appetit der Einwohner und den der zahlreichen Besucher von auswärts zu zügeln, die vom Charme der Stadt, der Zuneigung zu ihren Töchtern und deren ganz eigenem Charme angezogen wurden. Und während die Frauen ihre Freundschaft bereitwillig gaben, ruhten auch die jungen Männer nicht und die männliche Prostitution stand so hoch im Kurs, insbesondere im 18. Jahrhundert, dass viele Prostituierte sich als Knaben verkleideten, um Kundschaft anzuziehen... Der Große Rat war überfordert und verabschiedete Gesetze, um die Ausbreitung dieser Sitten einzudämmen: Es wurde beschlossen, dass die Prostituierten der Via Rampane sich mit nackten Brüsten aus den Fenstern lehnen mussten, um die Freunde der Liebe unter Männern „auf den rechten Weg zu bringen"... Es lohnte sich im Venedig des 15. bis 18. Jahrhunderts durchaus, sich die Liebesdienste in klingender Münze bezahlen zu lassen, doch die Laxheit der Sitten ging weit über den Bereich der Prostitution hinaus. Selbst die Patrizier hatten häufig eine oder mehrere Mätressen und nicht selten hielten sich auch verheiratete Frauen, selbst aus adli-

Die Brücke der Treuen Frau, die der Sage nach einstürzt, sobald eine tugendhafte Frau sie betritt. Sie steht seit über dreihundert Jahren…
(© C. Parvulesco)

Gondel und Gesellschaft • 3

gen Familien, einen Liebhaber, was allen, auch den Ehemännern, bekannt war. Der Hausfreund war gang und gäbe, so dass es dem Großen Rat am Herzen lag, Männer und Frauen zu sittlicher Ordnung zu rufen, was im Allgemeinen für die Katz war... Es scheint, dass in Venedig, auch wenn die Schriftsteller und Reisenden in ihren Berichten zuweilen übertrieben, kein Stand eine Ausnahme von der Regel bildete, die jedem große Freiheiten zugestand.

Das galt auch für Nonnen und Priester. Viele junge Frauen in Venedig, wo es zahlreiche Konvente gab, wählten den Schleier – gelegentlich ohne jeden Hauch einer inneren Berufung – und begriffen ihre weltabgewandte Lebensweise als Ungerechtigkeit. Nicht selten flohen sie mit ihrem Verehrer und dank der Hilfe eines Gondoliere-Komplizen. Zahlreich sind die Anekdoten aus dem 14. Jahrhundert, in denen es um per Gondel fliehende junge Frauen, ob Nonnen oder nicht, geht... In jedem Falle profitierten sie von der Verschwiegenheit der Gondolieri und entkamen für

Bronzeornament, das den in Venedig einst herrschenden Geist der Libertinage beschwört (© C. Parvulesco)

Die Via Rampane, wörtlich „Straße der Prostituierten" (Sammlung F. & P. Bortoluzzi Librai Antiche Carampane)

ein paar Stunden ihren Zellen, um sich den Vergnügungen der Nacht und der Ausschweifung hinzugeben. Giacomo Casanova, die Symbolfigur der venezianischen Libertinage, die oft als dekadent und korrupt geschildert wird, traf sich heimlich mit der schönen M.M., einer Nonne des Konvents von San Giaccomo di Galezzia, die jeden Abend mit ihm in der Gondel zusammenkam und wieder in den Konvent zurückkehrte. Auch die Paare, die der verbotenen Liebe frönten, konnten, dank einiger Zechinen, auf die Verschwiegenheit und Diskretion der Gondolieri und die galanten Promenaden im Schatten der *felze* oder, nachdem diese verschwunden war, unter undurchdringlichen Decken, die allzeit sehr beliebt waren, zählen. Der folgende Passus aus Ernest Hemingways Buch *Über den Fluss und in die Wälder* bietet eine treffende Beschreibung: Der Colonel, fünfzigjährig und an ernsten Herzproblemen leidend, begibt sich ein letztes Mal

Gondeln
103

3 • Gondel und Gesellschaft

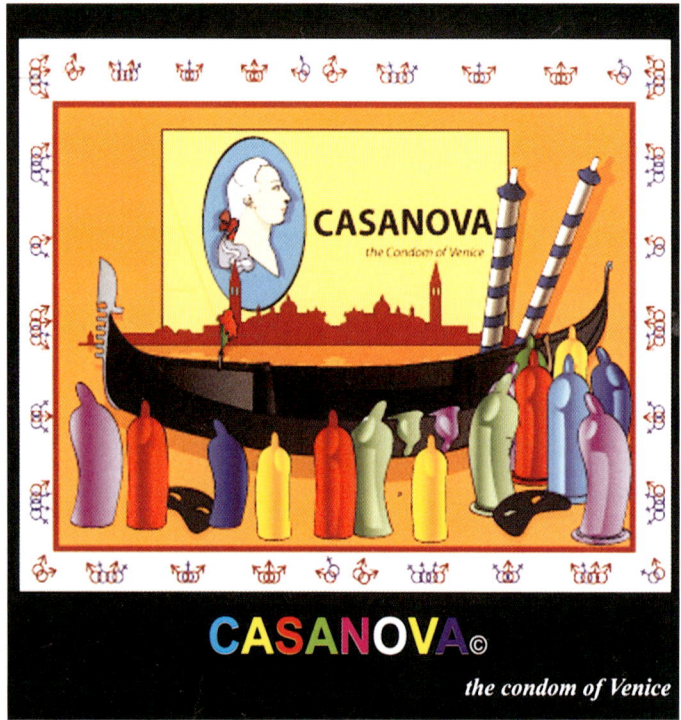

Werbeplakat für Casanova-Präservative... Der Mythos wirkt noch immer und die Gondel spielt dabei eine große Rolle. (Sammlung MA)

Giacomo Casanova, dessen Memoiren viel für den erotischen Ruf der Dogenstadt getan haben. (Sammlung MA)

nach Venedig, um dort seine junge Geliebte zu sehen, die Contessa Renata, vierundzwanzig Jahre jünger als er und aus einer der angesehensten Familien des alten Adels stammend. Während dieser Reise, die einem Abschied ähnelt, beschließen die beiden nach dem Essen, mitten in der Nacht und bei klirrender Kälte, eine Gondel zu besteigen: „Sie verließen das Hotel über den Seiteneingang, der zur Landungsbrücke führte und der Wind traf sie mit voller Wucht. Die Lichter des Hotels brachten die schwarze Gondel zum Glänzen und färbten das Wasser grün. Sie ist schön wie ein gutes Pferd oder eine Rennjolle, dachte der Colonel. Warum ist das die erste Gondel, die ich tatsächlich wahrnehme? Welche Hand, welches Auge hat diese obskure Symmetrie geformt? Wohin gehen wir?, so fragte er die junge Frau. [...] Sie stiegen in die Gondel und erneut war da dieser Moment der Verzauberung: Der leichte Rumpf und das sorgsame Balancieren beim Einstieg, das Gleichgewicht der Körper in der schwarzen Enge, einmal, ein zweites Mal, während sich der Gondoliere ans Rudern macht, die Gondel dabei ein wenig zur Seite neigt, um sie besser in der Hand zu haben. Nun, sagt die junge Frau, jetzt sind wir bei uns zuhause und ich liebe Dich. Nimm mich in den Arm und zeige mir, dass Du mich liebst. Der Colonel hält sie fest, mit nach vorne geneigtem Kopf. Er umarmt sie, bis der Kuss nicht mehr als einen Hauch von Verzweiflung in sich trägt. Ich liebe Dich. [...] Der Colonel lauscht dem Plätschern der Wellen und spürt den Biss des Windes und die rohe Vertrautheit der Decken, dann verspürt er die frische Wärme der begehrenswerten jungen Frau und ihre aufragenden Brüste, auf die er sachte seine Hand legt. [...] Der Wind war sehr kalt und peitschte ihnen über das Gesicht, aber unter der Decke gab es weder Wind noch sonst etwas; nur die hinfällige Hand, die in dem großen Fluss mit seinen steilen und jähen Ufern nach der Insel suchte. Ja, sagte sie, so ist es gut." Alle diese Eskapaden auf der Gondel, romantisch oder brünstig, sind heute nur noch ferne Erinnerung. Die Kurtisanen sind verschwunden, Prostitution findet in Venedig nicht mehr statt und das Feuer der Leidenschaft züngelt nur noch. Dennoch ist es für Liebende noch immer etwas Besonderes, *fare un giro in una gondola* (in einer Gondel durch die Stadt zu fahren) und für Frischverheiratete, die die Flitterwochen in der Lagunenstadt verbringen, geradezu ein Muss. Das erotische Venedig hat dem romantischen Venedig Platz gemacht. Heutzutage kommen Paare aus der ganzen Welt in die Stadt und die geschäftstüchtigen Gondolieri achten besonders auf Paare, die Hand in Hand durch die Gassen streifen.

Gondel und Gesellschaft • **3**

Die Gondel und der Tod

Diese Gondel vergleich ich der sanft

einschaukelnden Wiege

Und das Kästchen darauf scheint ein geräumiger Sarg.

Recht so! Zwischen der Wieg und

dem Sarg wir schwanken und schweben

Auf dem Großen Kanal sorglos durchs Leben dahin.

Goethe, Venezianische Epigramme, 1790-1795

Eine Trauergondel unterwegs zum Friedhof San Michele (Sammlung MA)

Ein Lagunenschicksal

Die Gondel gemahnt nicht nur an die Liebe, das angenehme Leben, den Glanz der Repubblica Serenissima und ihre prächtigen Feste, an Regatten und den Karneval, sondern auch mit ihrer schwarzen Farbe und ihrem geräuschlosen Dahingleiten an den Tod. Die Dichter der Romantik waren, in einem Venedig der Agonie, in äußerst hohem Maße von dieser besonderen Bildkraft der schlanken Gondel angezogen, die durch den Nebel und die Nacht glitt und nur durch ein Licht erleuchtet war, das an die Beleuchtung einer Kapelle erinnerte. Die weiß verhüllte Gondel der jungen Liebenden steht im krassen Gegensatz zu der schwarz drapierten Gondel des Trauerzugs. – Gegensätze, die das gesamte Leben umfassen. Wie bei der Hochzeit folgt im Trauerzug zum Friedhof San Michele zwischen den Fondamente Nuove und Murano der sargtragenden Gondel ein langer Begleittross nach. In dieser Stadt, wo sich alles zu Wasser abspielt, gibt es auch für diesen Zweck spezielle Gondeln.

Verbringung von Gefangenen per Gondel zu den Bleikammern (Sammlung MA)

Gondeln
105

3 • Gondel und Gesellschaft

Das Grab von Igor Stravinsky in San Michele
(© C. Parvulesco)

Grabstelle von Ezra Pound, der in Venedig starb. Sein Grab in San Michele ist vielbesuchte Pilgerstätte.
(© C. Parvulesco)

Todesromantik

Es waren vor allem die Reisenden, Musiker und Dichter des 19. Jahrhunderts, die sich von der seltsamen Atmosphäre berühren ließen, die eine Gondel verströmt, wenn sie im Morgengrauen aus dem Halbdunkel auftaucht und ihre schwarze *felz* irgendein unsagbares Drama zu verbergen scheint. Zu jener Zeit, nach der Besetzung durch die französischen Truppen Napoleons, wurden die Friedhöfe in den einzelnen Stadtteilen aufgelöst und an einem einzigen Ort zusammengefasst, der Inselnekropole von San Michele, gegenüber den Fondamente Nuove gelegen. Alle Gräber der Stadt samt Särgen und Gebeinen wurden zu dieser neuen ewigen Ruhestätte transportiert. Die obligatorischen Trauergottesdienste fanden an Bord statt und die Gondeln pendelten ohne Unterlass hin und her. Die Gondolieri muss man sich in Schwarz gewandet vorstellen, die *felze* mit einem geflügelten, goldenen Löwen verziert, im Morgenlicht funkelnd, wenn das Boot still durch das Halbdunkel glitt. Der Friedhof der Insel San Michele ist heute nicht nur ein Ort des Gedächtnisses, sondern auch ein Ziel der Touristen, die den illustren Fremden, die dort begraben liegen, Ehre erweisen wollen. Serge de Diaghilev, Ezra Pound, Igor Stravinsky liegen dort und die stets frischen Blumen auf ihren Gräbern zeigen, dass ihr Andenken hoch gehalten wird. Ihre letzte Reise hatten sie an Bord einer Gondel angetreten, wie der große italienische Dichter Gabriele d´Annunzio im Falle Richard Wagners wunderbar beschreibt: „Als der Sarg geschlossen wurde, hob man ein zweites Mal die schwerere Last. Sie trugen sie aus dem Saal. Sie stiegen die Treppen hinab, langsam. Von einem unterschwelligen Bangen erfasst sah man im Metall des Sarges gespiegelt ihre brüderlichen Gesichter. Die Trauergondel wartete vor der Pforte. Auf dem Sarg lag das Trauertuch. Die sechs Träger warteten, mit gesenkten Köpfen, bis die Familie hinabstieg. [...] Der Konvoi war kurz, die Trauergondel fuhr voraus, dann folgte die Witwe mit den Ihren, darauf folgte die Gruppe der Jungen. Über dem Fahrweg aus Wasser und Steinen war der Himmel von Wolken überzogen. Das tiefe Schweigen war des Mannes würdig, der die Kräfte des Universums in endlosen Gesang verwandelt hatte. [...] Am Kai warteten die Getreuen, schweigend. Die großen Kränze erfüllten die Luft mit Düften. Man hörte das Wasser gegen die Krümmung des Buges schlagen."

Drei Jahrhunderte zuvor war es Tizian, Schöpfer zahlreicher Bilder Venedigs, der von der großen Pest des Jahres 1576 dahingerafft wurde. Zwar waren Trauerzüge verboten, durch fürstlichen Erlass wurde aber hier eine Ausnahme zugelassen: „Es ist der Morgen des 28. August im Jahre 1576, und das Licht der aufgehenden Sonne erfüllt Venedig mit goldenem Glanz. Oh Glanz Venedigs an diesem traurigen Tag! In diesem Moment legt eine Gondel vom Steg eines Palazzo ab, in Biri Gande und gleitet

Gondel und Gesellschaft • 3

Richard Wagner, am 13. Februar 1883 in Venedig verstorben (DR)

Begräbnis-*motoscafo*, erkennbar an der blauen Farbe; im Hintergrund der Friedhof San Michele (© C. Parvulesco)

einen Canaletto entlang. Der Gondoliere ist von Kopf bis Fuß in einen teerschwarzen Kasack gehüllt, seine Hände stecken in enormen Handschuhen. Zwei Männer, auch sie zur Gänze in Schwarz gekleidet und verhüllt, sitzen reglos im Heck. Davor liest ein Priester mit gesenktem Kopf die Messe. In der Mitte der Gondel ruht die dunkle Masse eines Sarges. Meine Augen beschreiben all dieses, denn Gott hat mir, ehe er mich zu sich ruft, den Aufenthalt hienieden gestattet, und der Blick umarmt die auf dem Wasser gelegene Stadt und die Welt der Sterblichen, die so lange die meine gewesen ist. Die Trauergondel beginnt ihre Reise und legt vom Barbari-Platz ab und passiert eine Piazza, auf der gerade Kleider verbrannt werden, ein Wäscher hilft mit einer langen Stange nach, herausgeputzt wie die Totenwache an Bord der Gondel, die beiden *pizzegamorti*. Die Gondel fährt den Canale Grande hinab und kommt zur Rialtobrücke, wo sie eine andere passiert, deren Gondoliere, ebenso ausstaffiert wie der erste, fünf aufgestapelte Tote transportiert. Sie gelangt zum Campo de Frari. Auch dort verzehrt eine Flamme, die von einem weiteren Wäscher ganz in Schwarz (in Venedig *monatto* genannt) geschürt wird, einen Kleiderhaufen. Ohne die *monatti* und die beiden Trauergondeln schiene Venedig leer, die Venezianer aus diesem Körper ohne Leben verbannt, die Wasser verlassen, matte Adern, in denen nur die schwarzen Gondeln der Verblichenen fließen."

Das Begräbnis Tizians, aus Gilles Herzog, „Le Séjour des Dieux"

Die makabre Poesie dieser Trauergondeln auf den toten Gewässern Venedigs inspirierte auch unsere zeitlich näherstehenden Dichter wie Ezra Pound, den maledeiten Dichter des Friedhofs San Michele. Heute indes sind die Begräbnisboote motorisiert und blau lackiert, doch kommen bei besonderen Anlässen, wenn wichtige Persönlichkeiten, Handwerksmeister des Gondelbaues oder Gondolieri verstorben sind, Prachtgondeln zum Einsatz, die von den Trauerzuggesellschaften gestellt werden, etwa jener vom Campo San Giovanni e Paolo. Die Darstellung der letzten Reise findet sich auch nicht selten als letzte Ehrung an den Grabmalen der Handwerksmeister auf dem Friedhof San Michele wieder, wo die Attribute ihres Metiers abgebildet sind. Auf dem Grabstein der Handwerksmeisterfamilie Tramontin etwa sieht man Gondeln, Winkel und Zirkel.

3 • Gondel und Gesellschaft

Große historische Regatta vor der Rialto-Brücke, 1937 (Sammlung Ente Gondola)

Gondel und Gesellschaft • 3

Die Regatten zwischen Glorie, Feier und Notwendigkeit

Emblem der Genossenschaft de la Calza, Organisatorin der Regatten (© C. Parvulesco)

Der Begriff Regatta geht auf das lateinische *ramigium* (Ruder) zurück, wovon sich *remigata*, später *regata* ableitet. Ursprünglich dienten die Regatten der Zurschaustellung von Kraft und Ausdauer und der Hauptzweck der venezianischen Regatten bestand nicht darin, ein unterhaltsames Spektakel abzugeben, sondern die Ruderer zu Kraft, Geschick und Kampfstärke anzuspornen, da sie ja im Kriegsfalle in Diensten der Seerepublik standen. Beim Start der Regatten lagen die Boote am Eingang zum Canale Grande aufgereiht (*in riga*) und auch das ist eine mögliche Etymologie für den Begriff *rigata* oder *regata*. Diese ersten, spontanen Regatten fanden wöchentlich statt und führten von San Marco zum Lido. Die Teilnehmer mussten zwischen 16 und 35 Jahre alt sein und bemannten große Boote von je 30 bis 40 Ruderern, die *ganzaruoli*. Die älteste von der Gemeinde ausgerichtete Regatta, an die die Venezianer noch heute die Erinnerung hochhalten, geht auf ein Edikt des Dogen Giovanni Soranzo vom 14. September 1315 zurück. Sie wurde zu Ehren des Marienfestes veranstaltet und wurde mit *peatoni* ausgetragen, die fünfzig Ruderer beherbergten, „um die Jugend zu üben" und „zur höheren Ehre des Meeresgottes". Eine weitere traditionsreiche und dazu älteste Veranstaltung, an der Boote jeglicher Art teilnahmen, ist die *sensa*, die am Himmelfahrtstag ausgetragen und zu Ehren des Sieges der Venezianer über die Piraten von der Neretva abgehalten wird. 1177 gelang es dem Dogen von Venedig, zwischen Papst Alexander III. und Kaiser Friedrich Barbarossa vermittelnd einzugreifen, woraufhin der Papst dem Dogen die göttliche Investitur und die Oberhoheit zur See anbot. Seitdem fand diese Vermählungsfeier des Fürsten der Serenissima mit der See statt, in deren Verlauf der Doge einen goldenen Ring in die Fluten warf und durch diese symbolische Geste seine Verbundenheit mit dem Meer, seine Allmacht und seine Treue zum Seereich ausdrückte. Die Prozession wurde vom Bucintoro, der Galeere des Fürsten, angeführt, dahinter folgten alle Boote der Stadt. Sie führte bis San Nicolo am Lido, wo der Doge den Ring ins Meer warf und dabei die rituellen Worte sprach: „Desponsamus Te Mare, in signo veri perpetuique domini" (Wir vermählen uns mit Dir, Meer, im Zeichen des wahren und ewigen Gottes).

Später, im Jahr 1577, wurde ein weiteres der großen venezianischen Feste ins Leben gerufen, das Erlöserfest, das jedes Jahr in der Nacht vor dem dritten Sonntag im Juli abgehalten wird. In jener Nacht legen alle Boote in voller Beleuchtung ab und erhellen die gesamte Lagune mit ihrem künstlichen Feuer. Schiff an Schiff reiht sich dann von San Marco bis zur Erlöserkirche auf der Hauptinsel Giudecca, die nach der großen Pest des Jahres 1576 als eingelöstes Gelübde errichtet wurde. Dieses Fest, wo die Gondolieri und ihre Gondeln in besonderem Maße geehrt werden, trägt auch den Namen *Il Fresco dei Freschi*, da es in der Kühle der Nacht stattfindet. Neben den offiziellen Regatten gab es auch zahlreiche andere Gelegenheiten, zu denen die Boote aller Art ausfuhren und defilierten und auch Rennen und Regatten durften dabei nicht fehlen: Amtseinführungen von Dogen und Dogaressen, des Procurators von San Marco, zur Feier von Siegen zu Lande und zur See, beim Besuch von Botschaftern und Größen aus aller Welt. Regatten wurden auch zu Ehren überaus illustrer Gäste organisiert, etwa für Beatrice d´Este 1493, Königin Anna von Ungarn 1502, Heinrich III. von Frankreich 1574, Friedrich IX. von Dänemark 1709 und dem Grafen des Nordens (dem russischen Thronfolger) im Jahre 1782.

Gondeln
109

3 • Gondel und Gesellschaft

Frühe Regatta im Venedig der Renaissance, nach einer Zeichnung von Grevenbroch (Sammlung MZ)

Unter allen diesen nautischen Festen sticht dasjenige vom 25. Juni 1686 zu Ehren von Ernst August von Braunschweig, Kommandant im Dienste Venedigs, als das prächtigste und gewaltigste hervor, das die Lagunenstadt jemals sah. Über hundert Boote und 342 Ruderer nahmen daran teil, die Siegesprämie belief sich auf 1940 Dukaten, eine für die damalige Zeit mehr als üppige Summe. Diese Regatten für Galeeren, Brigantinen und *peate* wurden bald durch kleinere für Gondeln mit einem, zwei oder drei Ruderern flankiert, wie etwa anlässlich des Besuches des Ritters Sebastian Cortizzos, Botschafter des Königs von Spanien, am 25. August 1670. Diese Veranstaltung war dermaßen prächtig, dass die Erinnerung daran im ersten Werk, das die venezianischen Regatten beschreibt, in Versen von Marco Boschini besungen wurde. Die Geschichte hat die Siegernamen der Einruderer bewahrt: Tomio Novizéto, Giulio Papete und Checo Dessavio, sowie bei den Frauen Lucia Vidali, Catina Soncina und Santa Barcara.

Ab 1493 wurden auch Gondelregatten für zweirudrige Frauenmannschaften organisiert, als Beatrice d´Este, die Gemahlin Ludovico Sforzas von Mailand, Venedig besuchte. Dieses Faktum wurde von allen Chronisten der Zeit besonders erwähnt, allen voran Marin Sanudo, Pietro Bembo und Marcantonio Sabellico. An jenem Tag traten 48 Teilnehmerinnen in kurze Leinengewänder gehüllt bei der ersten Frauenregatta der Geschichte an. Eine weitere Frauenregatta wurde dann aus Anlass des Besuches der Fürstin von Ferrara ausgetragen. Ausdauer und Geschick beim Führen einer Gondel waren keine rein männliche Domäne mehr. Ernsthafte Anerkennung fanden die Frauenregatten aber erst im 17. Jahrhundert, als man begann, die Namen der Siegerinnen in gedruckten Dokumenten oder in den Volksliedern, die anlässlich der Regatten entstanden, festzuhalten. Auf diese Weise wurde auch der Name der Maria Boscola da Marina der Nachwelt überliefert, die 48 Jahre lang sämtliche Frauenregatten gewann. Frauen aus dem einfachen Volk bemannten lange Zeit die Renngondeln, aber im 18. Jahrhundert beteiligten sich auch einige adlige Frauen. 1751 zum Beispiel nahmen die adligen Damen Adriana Lin, Elena Condulmer, Isabella Molin, Maria Brandolin, Morosina Gradenigo, Marietta Corner, Paulina Foscarini und Bertina Bollani an einem Rennen teil, das von Venedig nach Padua an der Brenta führte.

Gondel und Gesellschaft • **3**

Regatta des 18. Jahrhunderts (Sammlung C. Parvulesco)

Rennen für jedes Alter und jedes Geschlecht

An diesen Wettrennen nahmen alle Altersschichten teil und am 27. Oktober 1773 gewannen drei Greise den Preis: Pietro Morra, 84, belegte den ersten, Nane Chiozoto, 77, den zweiten und Anzolo Armelin, 83, den dritten Platz. An dieses außergewöhnliche Faktum erinnert ein Lied des Dichters Dalle Gnacare. Auch andere Werke zum Thema gibt es, etwa das überaus gelehrte *Regata de Venezia* des Grafen Clandro di Prata, das in über 2300 Versen die Gondel glorifiziert. Ein weiteres bemerkenswertes Rennen fand im Januar 1782 zu Ehren von Paul Petrowitsch statt, dem Sohn von Zarin Katharina II. von Russland. Dabei fanden nicht nur Rennläufe statt, das gewaltige Spektakel wurde auch durch große, mit mythologischen Motiven geschmückte Galeeren vermehrt, die mit byzantinischer Pracht den „Grafen des Nordens", wie er damals genannt wurde, feierten. Alle nahmen in ihren jeweiligen Stadtvierteln an solchen Feierlichkeiten teil, Adel und Volk gleichermaßen. Zu diesen ursprünglichen Regatten und *corsi* gesellten sich das ganze Jahr über zahlreiche mehr oder weniger offizielle Wettkämpfe zwischen den *sestieri*, bei denen es um Tempo, Geschicklichkeit oder Eleganz ging. Der Wunsch eines Stadtviertels, die übrigen zu übertreffen, war hier eine starke Triebfeder. Die Mehrzahl dieser Wettstreite wurde seit den Zeiten der Renaissance von der *Compagnie della Calza* organisiert, einer Vereinigung junger Adliger, die sich ganz besonders um die Beziehungen zwischen den *scuole* und den verschiedenen Handwerkerzünften in der Stadt kümmerten. Später, ab Mitte des 16. Jahrhunderts, oblag die Ausrichtung von Regatten den Direktoren, jungen Adligen, die eigens vom Großen Rat ernannt wurden. Nach Ankündigung einer Regatta oder eines *corso* beriet sich

3 • Gondel und Gesellschaft

der Gondoliere *de casada,* auf den der Ruhm dann großteils fiel, lang und breit mit seinem Herrn, wie man bei der Wettfahrt die beste Figur abgeben könne. Der Adlige ermutigte seinen Diener lebhaft und unterstützte ihn mit echter Begeisterung, was ganz zweifellos in hohem Maße zum sozialen Zusammenhalt in der Stadt beitrug. Alle Regatten wurden von Volk und Adel begeistert verfolgt und ein Sieger genoss einen sehr hohen Bekanntheitsgrad. Die vier Erstplatzierten erhielten einen Preis und ein farbiges Band: Rot für den Ersten, blau für den Zweiten, gelb für den Dritten – der Vierte bekam ein Mastschwein, eine Art Trostpreis für den Langsamsten unter den Schnellen, hatte er doch immerhin ein gutes Dutzend

Gedenktafel zur Erinnerung an Renato Bona, *forcole*-Hersteller und Förderer der Regatten (© C. Parvulesco)

anderer Boote hinter sich gelassen, die von überaus athletischen Gondolieri gelenkt wurden.

Im Laufe der Jahrhunderte nahmen immer mehr Bootstypen an den Regatten teil, was die große Zahl an Booten widerspiegelte, die sich in der Lagune tummelten. Es gab *copani*, eine Art kleine Walfänger, *capariole* für den Fang von Krustentieren, *fisolière* für den Fang von Kleinfischen, *barche d'aqua* für den Transport von Trinkwasser, *scoazzerre* für den Mülltransport – sie alle hatten Gelegenheit, in ihrer jeweiligen Rennklasse den Geschicktesten oder Schnellsten zu ermitteln. Es gab auch Bäckerregatten mit den Booten, mit denen man die Ware ausfuhr, und ebenso Gondelregatten für Ein- und Zweiruderer, eine Bootsart, die nur in Venedig und im Umland vorhanden war. Die Rennstrecken waren immer dieselben: Man startete am Ostende der Gärten von Castello im Stadtviertel San Antonio, wo ein Seil (*spagheto*) über den Kanal gespannt wurde und überquerte das Becken von San Marco, fuhr auf dem Canale Grande bis zur Kirche Santa Chiara, wo sich mitten im Wasser eine Wendemarke befand (der *paleto*), die die Boote zu umrunden hatten, ehe sie den Canale Grande bis zur Ca Foscari befuhren, wo sich die Ehrentribüne (*machina*) befand, ein schwimmender Aufbau auf einer Holzbasis, reich mit bunten Ornamenten geschmückt und auf die Sieger eine Kapelle und der Preis wartete, darunter das Schwein für den Viertplatzierten. Erst später, im 19. Jahrhundert, tauchte die spezielle Renngondel auf (der *gondolino*), die erstmals 1825 bei einer Regatta zu Ehren des Kaisers von Österreich, der damals über Venedig herrschte, Erwähnung findet. Der *gondolino* ist zwar von der Gondel abgeleitet, aber insgesamt kleiner, leichter und noch schneller. Durch seine Zulassung zu den Regatten sollte deren Niveau ge-

Übersicht aus dem Jahr 1846 über die den Regattateilnehmern zugeteilten Farben (Sammlung MA)

Gondel und Gesellschaft • 3

Regattawimpel aus der Zwischenkriegszeit (© C. Parvulesco)

hoben und die Konkurrenz unter den Ruderern und den Bootsherstellern gefördert werden.

In späterer Zeit wurden die Regatta-Modelle immer weiter verbessert und ganz auf das Tempo ausgerichtete Bootstypen eingeführt, die in der Linienführung extrem verschlankt waren und bei denen die Wasserverdrängung minimiert war. Die Regatten des 19. Jahrhunderts wurden überwiegend von Profi-Gondolieri bestritten, seien sie *de casada* oder *traghetto*-Gondolieri, und ab 1844 waren die Gondeln in verschiedenen Farben lackiert, um sie auf dem Wasser besser identifizieren zu können. Nach der Vereinigung Venedigs mit dem italienischen Königreich im Jahre 1866 trugen die *corsi* den Namen Regata Reale, der König war stets anwesend und die Flaggen trugen die italienischen Nationalfarben Rot, Weiß und Grün. Nach dem Ersten Weltkrieg hießen die Wettkämpfe Regata Fascista und die Flaggen zeigten die Rutenbündel des Liktors und weitere faschistische Embleme. Diese Fahnen sind Gegenstand großen Stolzes und werden zumeist in dem Lokal verwahrt, wo sich die Rudergemeinschaften gemeinhin treffen. Die Historischen Regatten entstanden erst gegen Ende des 19. Jahrhunderts, um im Geiste des Nationalstolzes den einstigen Glanz Venedigs wieder erstrahlen zu lassen. Eine Chronik aus dem Jahr 1912 berichtet mit Begeisterung: „Die Regatten sind eine für alle sichtbare Geschichtsstunde..."

Regatten und offene Rechnungen

Die Regatten waren auch Gelegenheit für die Teilnehmer, offene Rechnungen zu begleichen. Weiterhin erhitzten sich in der Hektik nach dem Start oft die Gemüter und nicht selten entstanden bei dieser Gelegen-

Luigi Zatta, Regattasieger in voller Montur (Sammlung MA)

Gondeln
113

3 • Gondel und Gesellschaft

Historische Regatta, 1937 (Sammlung EG)

Vier Athleten in einer Renngondel bei einer Regatta des Jahres 1935 (Sammlung EG)

heit Konflikte und Querelen zwischen den Teilnehmern. Zuweilen nahmen auch Kontrollboote (*bissone*) am Rennen teil, um sicherzustellen, dass sich die Bootsmannschaften am Riemen rissen und der Ablauf der Veranstaltung nicht gefährdet war. Die *bissone* wurden an der Spitze des Trosses platziert und mit Adligen bemannt, die eine Armbrust trugen. Mit dieser schossen sie Terrakottakugeln auf undisziplinierte Boote und allzu streitsüchtige Mannschaften. Diese *bissone* nehmen heute nur noch an Paraden und an den historischen Regatten teil. Der Stadtpolizei obliegt es, die Ordnung aufrechtzuerhalten und die Sicherheit der Teilnehmer und der begeisterten Zuschauermengen zu gewährleisten. Die *corsi* finden noch heute großen Zulauf und es werden auch wieder Regatten organisiert. Jüngstes Beispiel für die Renaissance des Ruderns in Venedig ist die *Vogalonga*, deren dreißigsten Geburtstag die Stadt Venedig im Jahre 2004 feiern konnte. Dabei handelt es sich um eine Amateurveranstaltung im Frühjahr, an der nicht nur Venezianer, sondern auch Auswärtige aus aller Welt teilnehmen können, solange ihr Boot durch Ruder angetrieben wird. Daher sieht man dort Mannschaften aus ganz Europa, aber auch exotische Boote wie Pirogen aus Papua oder Kajaks aus dem hohen Norden... Die Renaissance der klassischen Boote führte zur Wiederentdeckung der besonders renntauglichen, der Familie der Gondeln angehörenden Spezialboote wie den *sandoli*, den *mascarete*, den *batele* und den *puparini*. Die Gondel besitzt weiterhin das höchste Ansehen, ist am komplexesten geformt und am schnellsten, aber auch am teuersten unter den Zweiruderern.

Die Regatta – eine Prestigeangelegenheit

Die Ausrichtung der Regatta obliegt der Familie des letzten Gewinners, die sich im Falle des Sieges hohen Ansehens erfreuen kann. Die *mamma* begleitet die Söhne zur Gondel, nachdem sie zuvor zwei Kerzen der Heiligen Jungfrau ihres Viertels gestiftet und sich vor dem Start bei der Kirche Santa Maria de la Salute, der Schutzheiligen der Ruderer, nach gut katholischer Art bekreuzigt hat. Den Start markiert ein Kanonenschuss und die hinter einem über den Kanal gespannten Seil aufgereihten Gondeln legen mit Macht los, unter dem tosenden Beifall der Volksmassen auf den Kais, den Brücken und den flaggengeschmückten Balkonen. Die Übergabe der Preise erfolgt durch Offizielle in Anwesenheit sämtlicher Honoratioren Venedigs und des Klerus. Im Sommer 1978 war es der neue Papst Johannes Paul I., ehemals Erzbischof von Venedig, der nur wenige Tage vor seinem Tod die Sieger der Regatta beglückwünschte. Es war, nach Pius X. und Johannes XXIII., das dritte Mal in jenem Jahrhundert, dass der Patriarch von Venedig zum Papst gewählt wurde und alle drei hatten sich wiederholt einer Gondel bedient.

Gondel und Gesellschaft • **3**

Regattateilnehmer in Aktion
(© C. Parvulesco)

Regattaszene auf einer Gondel-*portela* (Sammlung Trattoria Antica Molla)

Großer Regattapreis Renato Bona, bewahrt vom Wirt des Antica Mola, einer Trattoria im Stadtviertel Canareggio, nicht weit vom Ghetto entfernt (Sammlung TAM)

3 • Gondel und Gesellschaft

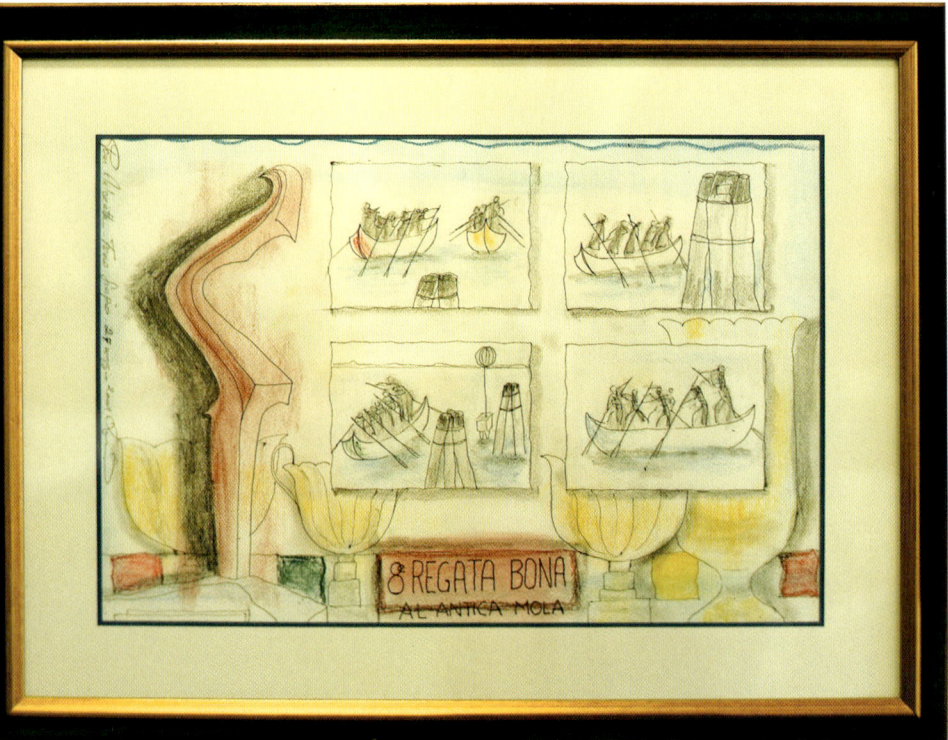

Hommage an die Bona-Regatten (Sammlung TAM)

Der Corso delle Cortigiane

Die Regatten gestatteten es Frauen aller sozialer Schichten, sich in ungewohntem eleganten Luxus zu zeigen, Intrigen zu spinnen und von den Siegern geehrt zu werden. Die Kurtisanen beteiligten sich mit großem Interesse an diesen Veranstaltungen. Die Teilnahme an den *corsi* war aber ehrbaren Frauen vorbehalten. Die große Zahl an Kurtisanen, *meretrice* und *puttane*, und die beachtliche Rolle, die sie in der Stadt spielten, führte dazu, dass sie eigene Regatten austrugen. Diese führten den Rio de la Sensa im Stadtviertel Sant`Alvise entlang. Es muss ein unbeschreibliches Spektakel gewesen sein, überall an den Kanälen, auf den Brücken und in den Fenstern begleiteten die Damen mit großem Dekolletee mit der Stimme, Schreien, Anzüglichkeiten und boshaften Kommentaren das Geschehen und nannten sich spielerisch beim Spitznamen, Olympia, Diana oder Lucrezia. In den Gondeln stellten leicht geschürzte Frauen mythologische Szenen nach, während die Ruderer mit Leibeskräften bei der Arbeit waren. In manchen Gondeln waren die Frauen völlig nackt und zeigten

Historische Regatta, die in jüngerer Zeit stattfand (Sammlung MA)

sich in lasziven Posen. Etlichen Berichten zufolge waren sich auch Damen des Hochadels nicht zu schade, ihre Reize neben den entblößten Fachkräften zur Schau zu stellen, die damals Venedig den Ruf einbrachten, die dekolleteereichste Stadt Europas zu sein.

Gondel und Gesellschaft • 3

Ehren-*forcole*, die der Mannschaft des Antica Mola für zahlreiche Siege bei der Regatta Renato Bona verliehen wurde.
(© C. Parvulesco)

3 • Gondel und Gesellschaft

Papst Johannes Paul I., ehedem Erzbischof von Venedig, beglückwünscht während seines kurzen Pontifikats die Sieger einer Regatta. (Sammlung EG)

Gondel und Gesellschaft • 3

Gondeln, Fin de Siècle und Soziale Bewegung

Im Frühjahr 1881 störte ein wichtiges Ereignis die Ruhe des Canale Grande, der seit Jahrhunderten denselben Anblick geboten hatte. Das erste Dampfschiff, der berühmte *vaporetto* „Regina Margherita", in Frankreich erbaut, nahm seinen Dienst auf. Bis dahin hatten in den zahllosen Kanälen der Stadt allein die Gondel und ihre mit Rudern versehenen Verwandten dem Transport gedient. Es war das Ende der Stille, der beschaulichen Langsamkeit, der ruhigen Wasser, des sanften Plätscherns an den Wänden der Palazzi und an den belebten Kais. Die erste Linie verband Santa Chiara mit der Piazza San Marco und wurde ein Dutzend Mal pro Tag befahren, vom Morgengrauen bis zum Abend, unter lautem Getöse; die leichten Boote, die gegen die Steinwände schlugen oder an ihren Pfosten vertäut waren, wurden bei der Vorüberfahrt des Dampfschiffes arg in Mitleidenschaft gezogen.

Die Technisierung – der angekündigte Tod der Gondel

Rasch wurde, zum Missfallen und Ärger der Traditionalisten, der *vaporetto* zum Emblem für den Canale Grande und auch zum Star im ersten Film, der 1896 in Venedig gedreht wurde. Rasch verschafften sich aber auch andere Stimmen Gehör und Henry James schrieb zum Thema einem Freund: „Ich habe jetzt zwei herrliche Wochen in Venedig verbracht, trotz der *vaporetti*..." Wie bei jeder Neuerung erhoben sich gerade in dieser stillen Stadt von allen Seiten die Kritik und der Protest. Manche sprachen von der Entpoetisierung der Lagune, andere wiesen, nicht zu Unrecht, darauf hin, dass die Umdrehungen der Schaufelräder den Schlamm aufwühlten und zu zusätzlicher Erosion führten, was die Untergrabung der Fundamen-

Gondeln versperren den Canale Grande anlässlich einer Protestaktion im Jahr 1970, die sich gegen die zunehmende Motorisierung der Schifffahrt richtete (Sammlung EG)

Manifest des Futurismus
1. *Wir wollen die Liebe zur Gefahr besingen, die Vertrautheit mit Energie und Verwegenheit.*
2. *Mut, Kühnheit und Auflehnung werden die Wesenselemente unserer Dichtung sein.*
3. *Bis heute hat die Literatur die gedankenschwere Unbeweglichkeit, die Ekstase und den Schlaf gepriesen. Wir wollen preisen die angriffslustige Bewegung, die fiebrige Schlaflosigkeit, den Laufschritt, den Salto mortale, die Ohrfeige und den Faustschlag.*
4. *Wir erklären, daß sich die Herrlichkeit der Welt um eine neue Schönheit bereichert hat: die Schönheit der Geschwindigkeit. Ein Rennwagen, dessen Karosserie große Rohre schmücken, die Schlangen mit explosivem Atem gleichen... ein aufheulendes Auto, das auf Kartätschen zu laufen scheint, ist schöner als die Nike von Samothrake.*
5. *Wir wollen den Mann besingen, der das Steuer hält, dessen Idealachse die Erde durchquert, die selbst auf ihrer Bahn dahinjagt.*
6. *Der Dichter muß sich glühend, glanzvoll und freigiebig verschwenden, um die leidenschaftliche Inbrunst der Urelemente zu vermehren...*

Gondeln
119

Der *vaporetti*-Verkehr ist auf dem Rialto besonders dicht. (© C. Parvulesco)

Gondel und Gesellschaft • 3

te beschleunigen würde. 1880 gab es in Venedig 900 Gondeln, darunter zwanzig offizielle, der Stadt gehörende Exemplare, 220 private (*de casada*) und 660 *traghetto*-Gondeln, die etwa 246 Transportboote nicht mitgezählt. Die Gondolieri wurden sofort zu den erbitterten Gegnern der fauchenden Dampfschiffe, die ihnen das tägliche Brot streitig machten und ihre geliebte Heimatstadt verunstalteten. Es kam verschiedentlich zu Protestaktionen und -aufmärschen, wobei lange Reihen von schwarz verhüllten Gondeln von der Rialto- zur Akademiebrücke fuhren. Es wirkte wie ein Trauerzug, der angekündigte Tod der Gondel. Vom 12. bis 21. August 1887 randalierten die Gondolieri mehrere Tage lang gewalttätig und als sich Königin Margherita von Italien gemeinsam mit dem Erbprinzen auf die königliche Gondel begab, um Venedig zu verlassen, wurde sie von über vierhundert Gondeln und ihren Gondolieri in einem stillen Zug begleitet, eine Erklärung der Treue zum Königshaus, aber auch Ausdruck der Besorgnis. Es half alles nichts, die Zeit der Romantik war vorüber und der Fortschritt und die Moderne triumphierten. An deren Spitze standen Intellektuelle wie Tomasséo Marinetti, der in einem aufrührerischen Gedicht umgehend erklärte: „Bruciamo le gondole, poltrone a dondolo per cretini" („Verbrennen wir die Gondeln, diese Schaukelstühle für Kretins"). Marinetti, ein Feind des „Venezia passatista e del Chiaro di luna" (des „ewiggestrigen Venedig und des Mondscheins"), gründete später die Bewegung des Futurismus, auf dem die Ideologie des Faschismus und dessen „neuer Mensch" teilweise fußte.

Mussolini erklärte mehrmals bei seinen Aufenthalten in Venedig, auch wenn der Erzbischof der Stadt, der nachmalige Papst Johannes XXIII., sich per Gondel zum Konzil begebe, ziehe er selbst doch den motoscafo bei seinen offiziellen Visiten vor.

Venedig ist keine Insel mehr!

1924 versperrten die Gondolieri einmal mehr den Canale Grande, um dagegen zu protestieren, dass die Gemeinde Motorboote entlang dem Canal Grande platzierte. Ihr einziger Erfolg bestand darin, dass es den Motorbooten untersagt war, an den Landungsstellen der *traghetti* Passagiere ein- oder aussteigen zu lassen, doch blieben ihnen genügend Ausweichmöglichkeiten, so dass es sich lediglich um einen halben Sieg handelte. Zum Trost wurden die *motoscaf* der Zunft der Gondolieri unterstellt, die ihrerseits die modernen Zeiten durch die Schaffung des Berufsbildes des Chauffeurs anerkannte. Letzter Schlag gegen die typische Schifffahrt und den insularen Geist Venedigs war 1933 die Inbetriebnahme der Bootsverbindung zwischen Venedig und dem Festland, was den endgültigen Untergang des Transportes per Ruderboot bedeutete. Ihrer einzigen Funktion beraubt entwickelte sich die Gondel in der Folge zum reinen Schönwetter-Ausflugsboot. Zugleich starb der Berufsstand des Gondoliere *de casada* aus, der samt seinem Schlechtwetter-*felze* an ein bestimmtes Haus gebunden war. Die letzte private Gondel gehörte Peggy Guggenheim und wurde 1980 außer Dienst gestellt. Nur das leichte Sommerzelt, das die Passagiere vor der Sonne schützt, überlebte. Mit dem Wegfall der *felze* und des intimen Inneren verlor die Gondel zudem viel von ihrem geheimnisvollen Nimbus und wurde zur reinen Touristenattraktion. Das Venedig des Fin de Siècle, das Venedig Wagners, Thomas Manns und Nietzsches, der vom Wahnsinn umnachtet feststellte „Ich bin nicht in Venedig, der einzigen Stadt, die ich liebe", das Venedig Ezra Pounds und seiner Cantos ist jetzt eine Stadt, in der der Motorenlärm das grüne Wasser des Canale Grande erschüttert und wo die Gondel eine Blume ist, die nur noch im Verborgenen blüht. Wird man einmal wieder durch das schmale Fenster einer *felze* auf Venedig schauen? Wird einmal wieder jemand mit der Gondel zur Arbeit oder zu einem Rendezvous fahren, der kein Fremder, kein Tourist, kein Müßiggänger ist? Auf der Suche nach der Gondel im täglichen Leben stößt man nur noch auf den *traghetto*.

Der Canale Grande ist der Hauptverkehrsweg. Im Hintergrund überquert ihn gerade ein *traghetto*. (© C. Parvulesco)

Selbst Pakete werden in Venedig per Boot ausgeliefert. (© C. Parvulesco)

Eine private Gondel, festgemacht vor einem Palazzo (© C. Parvulesco)

Motoscafi auf dem Canale Grande (© C. Parvulesco)

3 • Gondel und Gesellschaft

Die traghetti, die letzten Überlebenden

Der Canale Grande; im Vordergrund mehrere *traghetti*, Stich aus dem 17. Jahrhundert (Sammlung MZ)

Von der *Ente Gondola* festgelegte Preise, etwa 1840 (Sammlung MA)

Es ist ein bewegendes, stilles, beinahe mystisches Erlebnis, das sich Touristen offenbart, die etwas mutiger und in der Erforschung der Stadt weiter fortgeschritten sind. Man besteigt im Austausch gegen eine kleine Summe die dunkle Gondel, die ein Ufer des Kanals mit dem anderen verbindet. Vier oder fünf Passagiere steigen schweigend ein und legen ihren Obolus auf die Reling des Bootes, das alsbald geräuschlos in Fahrt kommt und zwischen den Ufern kaum eine Minute lang zu schweben scheint, während die Ruderer es mit knappen, würdevollen Bewegungen steuern. Diese beinahe rituelle Überfahrt erinnert insgeheim an das Boot des Charon, das in zeitloser Bewegung den Acheron überquert, so sehr ist die Luft erfüllt von geheimen Symbolen. Am anderen Ufer angekommen, verschwindet der Zauber, der Alltag mit seinen Geräuschen gewinnt wieder die gewohnte Oberhand und doch bleibt die Ahnung, dass man an irgendeinem unfassbaren Geheimnis gerührt hat. Die *barcheta da traghetto* ist in der Tat die letzte Gondelart, die noch heute täglich von den Venezianern benutzt wird. Der Name *traghetto* ist die Bezeichnung für die Stationen, an denen die Gondeln vertäut sind und zwischen denen sie im Linienverkehr pendeln, nicht die Bezeichnung für den Service selbst. Man spricht gleichwohl im Allgemeinen von *prendere il traghetto* oder von *fare parada*, wenn man die Überquerung eines Kanals per Gondel meint. Diese, für den täglichen und regelmäßigen Gebrauch bestimmten Boote, ähneln in der Form ihres Rumpfes einer etwas vergrößerten Gondel, allerdings ohne *parecio* und Bugbeschlag. Etwa ein halbes Dutzend stehen noch im Einsatz, von denen die Dogana-Linie nur geringen Zuspruch findet, da sie bei Schlechtwetter starken Strömungen ausgesetzt ist und sich die von Touristen stark frequentierte Gondelstation von San Marco ganz in der Nähe befindet. Nach den von der Gemeinde festgelegten Bestimmungen beträgt die Höchstzahl der Passagiere 14 (stehend), es sind jedoch selten mehr als ein halbes Dutzend. Vorne im Boot befindet sich eine schmale Bank, sehr praktisch bei aufkommendem Wind, wenn sich der eine oder andere Passagier als wenig standfest erweist. Das mit zwei Ruderern bemannte Boot fährt den ganzen Tag dieselbe Strecke ab: Nach dem Ablegen vollzieht es eine halbe Drehung, durchquert den Kanal und legt mit der anderen Bootsseite an. Die Fahrt kostet, während ich dieses Buch

Gondeln
126

Gondel und Gesellschaft • 3

Traghetto-Station von Santa Maria del Giglio, Ende des 19. Jahrhunderts (Sammlung MA)

schreibe, 50 Eurocent pro Person und man zahlt beim Verlassen des Bootes. Einen Fahrschein gibt es nicht.

Wie der *traghetto* funktioniert

Der Tarif für die Fahrt in der *traghett*-Gondel wird seit 1578 durch das Ordnungsamt der Stadt festgelegt. Die wachsende Konkurrenz und der zunehmende Verkehr haben zu einer komplexen Organisation geführt, die durch den typisch venezianischen Sinn für Politik gekennzeichnet ist, das heißt, anstelle des Kutschenverkehrs auf dem Festland installierte man ein öffentliches Transportwesen für alle und zu fixen Preisen. Rasch machte man einen Unterschied zwischen dem Waren- und dem Personentransport. Es entstanden Kleinstfirmen, die sich des Linienverkehrs annahmen, auch über längere Strecken, und die Preise für die einzelnen Strecken mit und ohne Fährmann festlegten. Später entstanden Regelungen für die einzelnen Berufszweige, die Wassertransporteure, die Brottransporteure, die Transporteure von Obst und Gemüse, aber auch für die Färber und Wäscher. Alle erhielten eigene Fahrpläne und besondere Regelungen, je nach spezifischer Notwendigkeit. Für alle Fragen der Organisation waren die Innung der *barcaroli* (Fährleute) und die drei Magistraturen der Stadt zuständig, die *Proveditori di Comun*, die *Giustizia Vecchia* und die *Milizia da Mar* (juristische Instanzen der Stadtverwaltung). Ein Mitspracherecht besaßen die Fünf Weisen der Handelskammer und der Beauftragte für das

3 • Gondel und Gesellschaft

Heiligensäule des *traghetto* (© C. Parvulesco)

Heck einer *traghetto*-Gondel samt *forcole* (© C. Parvulesco)

Handwerk. Die von ihnen festgesetzten Vorschriften finden sich in den *mariegol* oder Innungsrollen versammelt und werden von einer Generalversammlung festgelegt, an der alle im Berufsregister verzeichneten Fährmänner, Gondolieri und andere Bootsführer teilnehmen. Die *tabela de traghetto*, die alle Touren dergestalt regelt, dass die Arbeit tagsüber wie nachts gerecht auf alle verteilt wird, existiert seit 1579. Gleichermaßen legt die Versammlung die jährlichen Mitgliedsbeiträge und die Aufnahmegebühr beim Eintritt in die Innung fest. Zudem bestimmt sie die Regeln der Berufsausbildung, die verlangen, dass der Fährmann mindestens fünf Jahre lang Lehrling und 18 Jahre alt sein muss, um aufgenommen zu werden. Um 1700, dem goldenen Zeitalter der Gondel, waren 37 *traghetti*-Linien in Dienst, dazu über 30, die Venedig mit dem Festland oder anderen Inseln verbanden. Diese regulären Linien sind in dem Stadtplan verzeichnet, den Vincenzo Coronelli 1697 unter dem Titel *Lettore e Cosmografo della Serenissima Repubblica* veröffentlichte.

Gondel und Gesellschaft • 3

Am vorderen *canon* angebrachte Preislisten (© C. Parvulesco)

Die Ente Gondola, die heutige Innung

Die Bestimmungen für die letzten noch in täglichem Betrieb befindlichen *traghetti* wurden im Jahre 1953 festgelegt. 26 Boote, die Gondeln ohne *parecio* ähneln, versehen noch ihren Dienst. Allerdings sind sie größer und länger als die klassischen Ausführungen und erlauben die Beförderung von 14 stehenden oder sieben sitzenden Passagieren. Gab es in den sechziger Jahren des 20. Jahrhunderts noch eine Zukunft für die Ruderboote in Venedig und Umgebung? Damals waren praktisch nur noch mehr oder weniger gut gepflegte *gondole da parada* im Umlauf und die Passagiere benutzten die Boote nur morgens und am späten Nachmittag auf dem Weg in das Büro und dem Heimweg... Doch 1972 wurde auf Druck der Öffentlichkeit, die erleben musste, dass nur noch drei Linien bestanden, Santa Sofia, San Tomà und Santa Maria del Giglio, und in Abstimmung mit der Ständeorganisation der Gondolieri beschlossen, die Fahrten über den Canale Grande wieder aufzunehmen. Die Stadt unterstützte zudem die Gründung der *Ente Gondola*, die die Aufgabe hat, die verschiedenen beteiligten Organisationen der Stadt zu koordinieren, die Lizenzen zu vergeben und die Prüfungen abzunehmen. Dazu entwickelte und setzte man ein Regelwerk für die Gondeln in Kraft, das an die alten *mariegole* der Innung erinnert. Von den 900 Gondeln, die zu ihrer Glanzzeit Venedig bevölkerten, sind heute noch 405 übrig, die sich nicht ohne Schwierigkeiten ihre *stazi* oder Fahrbereiche aufteilen. Die Ente Gondola und die Versammlung der *bancali* hat die Aufgabe, die Einhaltung der Vorschriften zu überwachen und disziplinäre und Verwaltungsprobleme zu beheben und jeden Tag dafür zu sorgen, dass die besten Plätze an den sechzehn Gondelstationen gerecht zugeteilt werden. Die Fahrten finden täglich (außer am Wochenende) von 9 bis 14 Uhr im Viertel Dogana statt, von 9 bis 18 Uhr in Giglio und von 7 Uhr 30 bis 13 Uhr 30 in San Barnaba. Ebenfalls täglicher Betrieb herrscht von 7 Uhr 30 bis 20 Uhr in San Tomà, von 8 bis 14 Uhr in Carbon bei Rialto, von 7 Uhr 30 bis 20 Uhr 30 in Santa Sofia sowie von 7 Uhr 45 bis 13 Uhr in San Marcuola.

Derzeit ist es absolut undenkbar, den *traghetto*-Betrieb einzustellen, was ein tröstliches Symbol für die Bedeutung ist, die die Gondel Jahrhunderte lang besaß. Zugleich ist es ein Ausrufezeichen, das die venezianische Kultur setzt.

3 • Gondel und Gesellschaft

Traghetto-Station von Santa Maria del Giglio beim Hotel Bauer Grunwald (© C. Parvulesco)

Überquerung des Kanals im traghetto; Üblicherweise stehen die Passagiere… (© C. Parvulesco)

Vertäuter *traghetto* an der Station Santa Sofia (© C. Parvulesco)

Gondel und Gesellschaft • 3

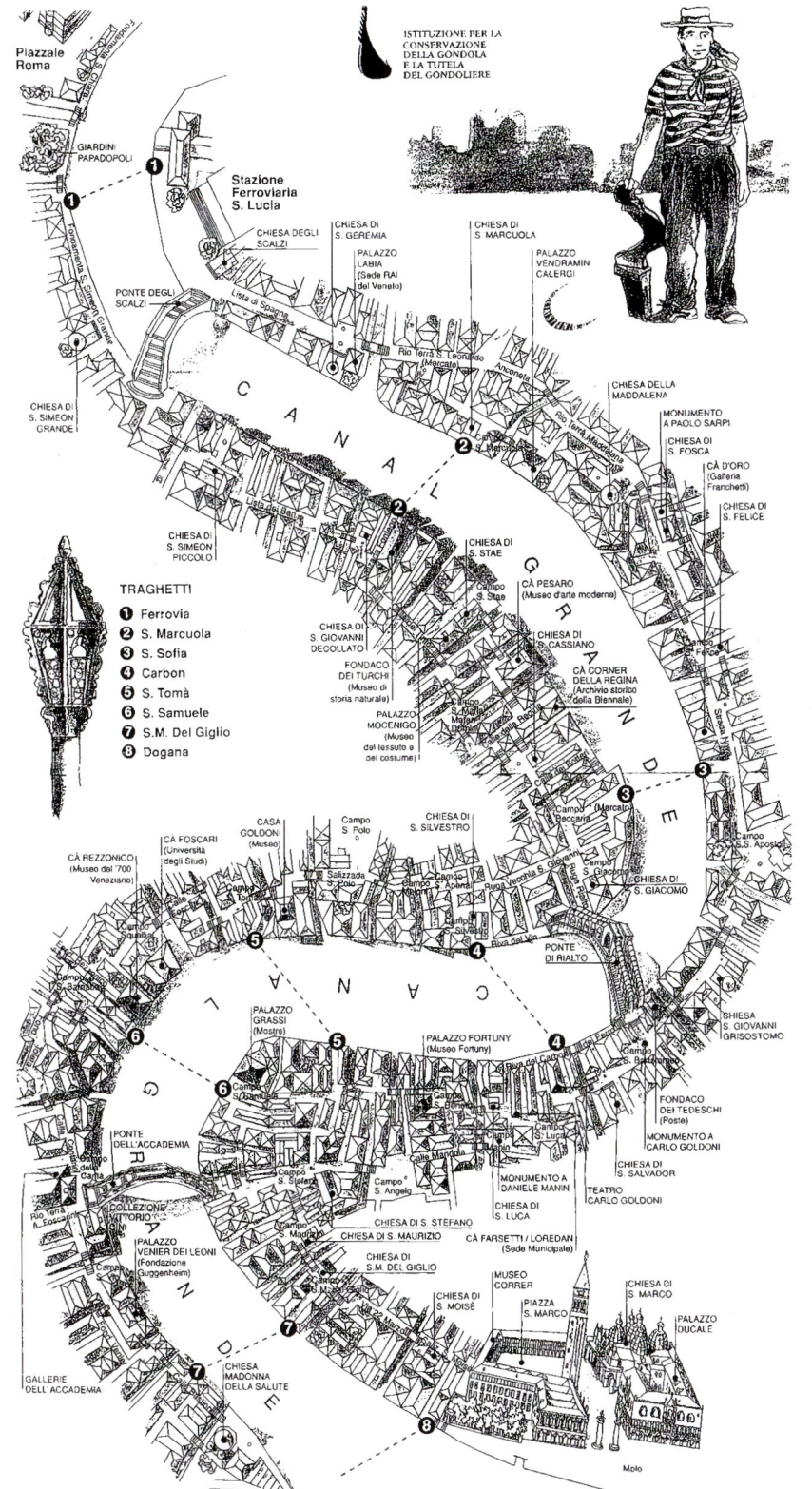

Traghetto-Gondoliere bei der Arbeit (© C. Parvulesco)

Der noch heute benutzte Stadtplan (Sammlung EG)

Der Gondoliere

Il Gondoliere, o Barcarolo Veneziano. Le Gondolier, ou Battellier de Venise.

Gondoliere de casad in großer Livree, nach einem Stich aus dem 17. Jahrhundert (Sammlung MA)

„Die Gondolieri sind die Leute aus dem Volk, die ihrer Herrschaft am nächsten kommen, da es für diese seit langem Brauch ist, mit dem Boot von einem Ort zum anderen zu fahren, ohne dass irgendein anderer Diener mit an Bord ist. Außerdem kündigen die Gondolieri Besuche an, führen Aufträge aus und sind oft in die Geheimnisse der Herrschaft eingeweiht. Diese Vertrauensstellung verleiht den Gondolieri eine Erziehung ganz eigener Art. Sie sind berühmt für ihre Diskretion, gleichermaßen aber auch für ihre schlagfertigen Antworten und für ein außerordentlich feines Verständnis für die delikate und mitunter schlüpfrige Natur ihres Dienstes. Unter ihnen herrscht großer Stolz. Die uralten Ursprünge ihrer Zunft sind wohlbekannt und finden gewissermaßen Bestätigung, wenn ein steinalter Gondoliere bei einer der großen Regatten den Sieg davonträgt. Es gibt Familien, wo Vater wie Sohn Siegespreise herzeigen können. Diese Familien stehen in höchstem Ansehen und man kann durchaus von einem Kastenwesen sprechen, denn alle hegen den großen Traum, dass ihre Frauen aus diesen illustren Familien stammen."

Comtesse des Ursins, Du séjour des comtes du Nord à Venise.

Gondoliere gegenüber der Insel San Giorgio Maggiore (© C. Parvulesco)

Keilerei zwischen Gondolieri und Ruderern auf dem Canale Santa Croce nach einem Zusammenstoß, 1717 (Sammlung MZ)

Der Gondoliere, eine zeitlose venezianische Gestalt

Gondoliere *de casada* und seine reich verzierte Gondel, Aufnahme vom Ende des 19. Jahrhunderts (Sammlung EG)

Der Gondoliere bildet einen ganz besonderen Zweig der Fährmannsfamilie. Er führt das große Wort, spricht blumig und schimpft gerne. Im Laufe der Jahrhunderte wurde er als gleichsam theatralische Figur beschrieben, einmal treu, dann verschlagen, tapfer und liebedienerisch, unverschämt und respektvoll, fromm und grob. Er beherrscht alle Feinheiten des venezianischen Dialektes (vor allem beim Fluchen) und meistert sie mit einem angeborenen Sinn für die poetische Metapher. Als Beispiel wollen wir die farbenfrohe Beschreibung eines Streites unter Männern von der Lagune anführen, die George Sand 1834 in den „Lettres d´un voyager" gab. „Zwei Boote stießen an einer Mauerecke zusammen, aufgrund der Unachtsamkeit des einen und

Der Gondoliere • 4

der Rücksichtslosigkeit des anderen. Die beiden Bootsmänner warteten schweigend auf den Anprall, der nicht mehr zu vermeiden war, ihre größte Sorge gilt immer den Booten. Als die beiden feststellten, dass keine Schäden zu verzeichnen waren, begannen sie, sich voller Verachtung anzublicken, während die Boote sich trennten und voneinander entfernten. Dann begann die Diskussion. „Warum hast Du nicht *siastali* gerufen?" – „Habe ich doch!" – „Nein!" – „Doch!" – „Hast Du nicht, *corpo di bacco!*" – „Ich schwöre es, *sangue di diana!*" – „Aber mit was für einem Teufelchen von Stimme?" – „Was für Ohren hast Du denn?" – „Sag mir, in welchem Loch Du Dein Stimmchen übst!" – „Sag mir, von welchem Esel Deine Mutter geträumt hat, als sie Dich empfing!" – „Die Kuh, die Dich zur Welt gebracht hat, sollte Dir das Plärren beibringen!" – „Die Eselin, die Dich geboren hat, sollte Dir die Ohren Deiner Familie geben!" – „Was sagst Du da, Du Hundsfott?" – „Was sagst Du, Du Sohne eines Affen?" Dann belebte sich die Diskussion und wurde immer lebhafter, je weiter sich die Meister voneinander entfernten. Als schon eine oder zwei Brücken zwischen ihnen lagen, gingen die Drohungen weiter: „Komm nur her, damit ich Dir zeigen kann, aus welchem Holz meine Ruder geschnitzt sind!" – „Warte nur, Du Witzfigur, dann zerschmettere ich Deine Nussschale!" – „Wenn ich Deine Eierschale anhauche, fliegt sie durch die Luft!" – „Deine Gondel müsste man einmal versenken, damit sie richtig sauber wird!" – „Und Deine muss Spinnen haben, denn Du hast den Unterrock Deiner Mätresse geklaut, um die Gondel auszukleiden!" – „Verflucht sei die Madonna Deines *traghetto*, dass sie solche Gondolieri wie Dich nicht mit der Pest straft!" – „Wenn die Madonna Deines *traghetto* nicht die Geliebte des Teufels wäre, wärst Du schon längst ersoffen!" Und so kam man von Metapher zu Metapher zu den wüstesten Beschimpfungen. Zum Glück verloren sich die Stimmen in der Ferne, ehe sich die beiden an die Kehle gingen, doch die Beschimpfungen gingen noch lange weiter, auch wenn das Gegenüber sie nicht mehr hören konnte."

Der Gesang des Gondoliere

Ein venezianischer Schriftsteller bemerkte im Jahre 1912, dass der Typ des Gondoliere zu den Figuren zähle, die sich im Laufe der Jahrhunderte nicht verändert hätten. Weder seelisch noch in beruflichen Dingen. Frei, stolz, sich der edlen Natur seiner Aufgabe stets bewusst, ist er auch der Dichter der venezianischen Volkssprache. Antonio Maschio, ein Gondoliere der 1880er-Jahre, begeisterte sich an Dante, widmete ihm seine gesamte freie Zeit und beendete sein Leben als Säule der Universität Venedig. Andere, die die Natur mit einer kräftigen und volltönenden Stimme ausgestattet hatte, widmeten sich mit Inbrunst dem Gesang. Berühmte Besucher der Vergangenheit berichteten, dass Venedig von rezitierten Versen von Tasso widerhallte, dass eine Stanze aus dem „Befreiten Jerusalem", die ein Gondoliere von sich gab, auf der anderen Kanalseite von einem anderen Gondoliere aufgenommen wurde, der so das Echo abgab. Dieses epische Gedicht, das berühmteste seiner Zeit, wurde von Tommaso Mondini in den venezianischen Dialekt übersetzt und unter dem bezeichnenden Titel *Tasso alla Barcarola* (*Tasso für den Fährmann*) gedruckt. Der *Orlando Furios* von Ariost, der in Venedig gelebt hatte, war ebenfalls Teil des klassischen Gondoliere-Repertoires, das sich Generation um Generation durch neue Werke vergrößerte. Die Balladen zählten zu den beliebtesten Bestandteilen des Repertoires in Venedig und selbst Goethe erlag deren Charme: „Das Volk sitzt am Ufer einer Insel oder eines Kanals oder in einer Barke und kann den Gesang nur kurz zurückhalten. Er breitet sich auf der ruhigen Spiegelfläche des Wassers aus. In der Ferne hört ein anderer die bekannte Melodie und antwortet mit der nächsten Strophe – die erste Antwort und schon macht sich der eine zum Echo des anderen. Der Gesang hält ganze Nächte an, er unterhält ohne Unterlass und je weiter der eine vom anderen entfernt ist, desto hinreißender kann der Gesang sein: Wenn der Zuhörer sich zwischen den beiden befindet, hat er einen sehr guten Platz. [...] Aus der Ferne vernommene Stimmen ergeben einen seltsamen Effekt, wie eine Klage ohne Trauer, und es gibt manche Stücke, die einen, man glaubt es kaum, zu Tränen rühren." Beim klassischen Repertoire des Gondoliere soll

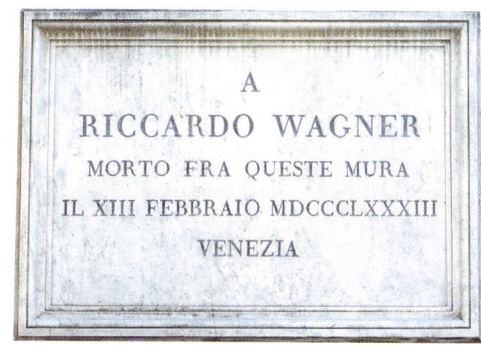

Gedenktafel zu Ehren Richard Wagners (© C. Parvulesco)

Partitur eines venezianischen Liedes aus dem 18. Jahrhundert (Sammlung Giuliana Longo)

4 • Der Gondoliere

Ein Gondoliere des 18. Jahrhunderts rezitiert Verse von Torquato Tasso. (Sammlung MZ)

De nuit sur le canal

Beginn des Tourismus in den 1920er-Jahren; Ein Gondoliere singt seine Serenade. (Sammlung MA)

die berühmteste aller Barcarolen besonders erwähnt sein, *La biondina in gondoletta* von Antonio Lamberti, komponiert zu Ehren von Marina Benzoni, die mit Lord Byron und Chateaubriand verkehrte. Dieses populäre Lied, das unter anderem von Rossini in der Partitur des „Barbier von Sevilla" aufgegriffen wurde, kann als archetypisch für das Genre gelten. Es ist mit all den Subtilitäten und Doppeldeutigkeiten des Venezianischen unmöglich zu übersetzen. Es handelt sich um den Bericht einer Promenade zu Wasser und darum, was der junge Gondoliere fühlt, als die schöne Passagierin seine Gondel betritt. Der Gesang des Gondoliere, die Geräusche und Melodien, die sich auf dem Wasser verbreiteten, konnten auch die Größten ihrer Zunft inspirieren.

„Ich begriff die ganze Poesie dieser Volksweisen. Ich fuhr sehr spät in der Gondel durch die dunklen Kanäle. Auf einmal kam der Mond hervor und erhellte die unbeschreiblichen Paläste und meinen Gondoliere, der langsam sein enormes Ruder führte und im Heck meines Bootes stand. Im selben Moment erscholl ein Schrei, der dem Brüllen eines Tieres ähnelte: Es war ein tiefes Seufzen, das im Crescendo zu einem lang gezogenen Oh! anschwoll und mit dem einfachen Ausruf „Venezia!" endete. Es folgte noch mehr, doch ich war derart bewegt und ergriffen von jenem Schrei, dass ich mich an den Rest nicht mehr erinnere. Die Eindrücke, die ich dabei empfand, prägten sich mir ein und verblassten während meines gesamten Aufenthaltes in Venedig nicht. Sie blieben in mir, bis ich den zweiten Aufzug des Tristan vollendete und vielleicht haben sie mir die traurigen, verschleppten Töne der Hirtenflöte eingegeben, zu Beginn des dritten Aufzuges."

Richard Wagner, „Mein Leben", 1870-1874

Heute tauschen die Gondolieri keine Ariost- und Tassoverse mehr aus, das Akkordeon spielt zu spanischen Weisen oder einem neapolitanischen *O Sole mio*, doch manchmal hört man noch bei Anbruch der Nacht, wenn der Gondoliere nach Hause kommt, diesen berückenden Singsang, der sich selbst genug ist, sich auf dem Wasser ausbreitet und von nirgendwo zu kommen scheint.

Der Gondoliere • 4

*An der Brücke stand
jüngst ich in brauner Nacht.
Fernher kam Gesang:
Goldener Tropfen quoll's
über die zitternde Fläche weg.
Gondeln, Lichter, Musik -
trunken schwamm's in die Dämmrung hinaus
Meine Seele, ein Saitenspiel,
sang sich, unsichtbar berührt,
heimlich ein Gondellied dazu,
zitternd vor bunter Seligkeit.
- Hörte jemand ihr zu?
Friedrich Nietzsche*

Der Stolz des Gondoliere: Seine Gondel

Der Gondoliere ist seiner Gondel untrennbar verbunden, die beiden teilen sich eine Lizenznummer. Im Allgemeinen kann man feststellen, dass die *sandolo*-Gondolieri, deren Preise günstiger sind, auf ihr Boot noch stolzer sind. Die meisten sind echte Profis, authentische Gondolieri, die ihren Beruf über alles lieben und ihr Gefährt respektieren. Die Touren sind nach *stazi* organisiert und in der *tabela* festgeschrieben, einem Holzbrett, auf dem kleine Holztäfelchen mit den Nummern der Gondolieri befestigt werden und die an der Anlegestelle des Bootes stehen. Die Gondolieri sind in einer Art Selbstverwaltung unter der alten Traditionsbezeichnung *bancai* organisiert. Versammlungen zur Besprechung der Touren und verschiedener Eventualitäten finden spontan oder regelmäßig statt. Die Sanktionen bei Verfehlungen reichen vom Ausschluss von einer einzelnen Tour bis zur tageweisen Relegation. Bei schweren Vergehen kann eine Kommission den Gondoliere von einer Tour komplett ausschließen oder ihm als Höchststrafe die Lizenz entziehen. Wie früher, so gibt es auch heute Ersatzlizenznehmer, wenn ein Gondoliere in den Ruhestand geht. Dieser kann aber seine Rechte ausüben und seine Lizenz einem Sohn oder Neffen übertragen.

Chateaubriand zeichnet in seinen *Mémoires d'outre-tombe* folgendes Bild der Gondel:

„In meine Herberge zurückgekehrt, aß ich zu Abend und erfreute mich dabei der Gesellschaft der Gondolieri, die, wie gesagt, unter meinem Fenster am Eingang zum Canale Grande stationiert waren. Die Fröhlichkeit dieser Söhne der Nereiden wollte nicht nachlassen. Die Sonne bekleidet

Zwei Gondolieri bei der Arbeit... (© Marina Koenig)

Dieses Mosaik aus Murano zeigt einen Gondoliere in großer Sommertracht. (Sammlung C. Parvulesco)

Gondeln
137

4 • Der Gondoliere

Tabella an der Station Orseolo nicht weit von der Piazza San Marco, auf der die Touren vermerkt sind. (© C. Parvulesco)

sie, das Meer ernährt sie. Sie sind nicht verschlafen und müßig wie die *lazzaroni* in Neapel. Ständig sind sie in Bewegung wie Matrosen, denen es an einem Schiff und an Arbeit fehlt, die aber den Welthandel beschleunigen und die Schlacht von Lepanto erneut schlagen würden, wenn nicht die Zeiten der Freiheit und des Ruhmes von Venedig vergangen wären. Um sechs Uhr morgens kommen sie zu ihren Gondeln, die, den Bug an Land, an den Pfosten vertäut sind. Dann beginnen sie, ihre *barchette di traghetto* zu putzen und zu polieren, wie Dragoner striegeln, bürsten und bearbeiten sie ihre angepflockten Pferde. Das kitzlige See-Pferd wird unruhig, windet sich unter den Bewegungen seines Reiters, der es mit Wasser aus einer hölzernen Vase begießt und es an den Flanken und im Inneren verreibt. Immer wieder wiederholt er diese Besprengung und gibt Acht, dass er das Meerwasser unter der Oberfläche schöpft, wo es sauberer ist. Dann reinigt er die Ruder, säubert das Messing und das Glas des kleinen schwarzen Kastens. Er schüttelt die Kissen und die Teppiche auf und putzt das schneidende Eisen am Bug. All das erledigt er nicht ohne humorvolle oder zärtliche Worte an die bockige oder gefügige Gondel, die er in seinem fröhlichen venezianischen Dialekt von sich gibt."

Ein Gondoliere putzt den Bugbeschlag seiner Gondel. (Sammlung MA)

Pflege der Gondel auf dem Trockenen (© C. Parvulesco)

Gondeln
138

Der Gondoliere unterhält eine ganz besondere Beziehung zu seiner Gondel und deren Bezeichnung ähnelt oft dem Namen des Besitzers.
(© C. Parvulesco)

Ein besonders luxuriöser *sandolo*
(© C. Parvulesco)

Gondeln

4 • Der Gondoliere

Der Strohhut des Gondoliere wird noch immer rein handwerklich hergestellt. (© C. Parvulesco)

Ein zusammen-
gerollter Strohfa-
den bildet die
Ausgangsbasis
für den Hut.
(© C. Parvulesco)

Die Paradeschärpe
des Gondoliere
wird ebenfalls
vom Hutmacher
gefertigt.
(© C. Parvulesco)

Hutmacher, Schuhmacher und Schneider

Von der traditionellen alten Tracht der Gondolieri sind heute nur noch einige typische oder besonders praktische Elemente übrig geblieben: Der Strohhut, das gestreifte Hemd, im Winter die Pomponmütze, die geknöpfte Matrosenbluse, häufig durch einen Blouson ersetzt und immer seltener die speziellen, dem Beruf angepassten Mokassins, die heute leider immer mehr vulgären Turnschuhen weichen.

Hut- und Mützenmacher

Der Strohhut des Gondoliere ist, wie der Bugbeschlag der Gondel, ein typisches Symbol, das den Betrachter sofort an Venedig denken lässt. Freilich war diese Kopfbedeckung im 19. Jahrhundert bei der Marine überall

Der Gondoliere • 4

Die Bänder des Strohhutes richten sich in ihrer Farbgebung oft nach der Farbe des *parecio*. (© C. Parvulesco)

Winterkappe des Gondoliere während der Herstellung (© C. Parvulesco)

Wollknäuel für die Herstellung der Kappen und zartes Stroh aus der Stadt Marostica für die Strohhüte.

in der Welt in Gebrauch. Seine allgemein übliche Verwendung durch die venezianischen Gondolieri datiert erst auf die Zeit nach dem Zweiten Weltkrieg, als die Gondel nur noch touristischen Zwecken zu dienen begann. Früher trugen nur die *gondolieri de casada* eine Livree, deren Gestaltung von den *provveditori a le pompe* geregelt wurde, besonders was die Farbe, die Qualität der Stoffe und die obligatorisch geringe Zahl an Knöpfen anging. Die anderen Gondolieri von bescheidenerem sozialem Status trugen praktische und weniger schmutzempfindliche Kleidung und vor allem nützliche Kopfbedeckungen wie simple Kappen und dergleichen. Die *bareteri* und *capeleri* waren in Venedig seit 1281 in Bünden organisiert, dann mit den *mariegole* der übrigen Kleidungshersteller assoziiert und erlangten 1677 die Selbstständigkeit. Die Kappenmacher benutzten

Schuhmacher und Schneider

Wie die Hutmacher, so fertigten auch die *calegheri* früher spezielle Schuhe für die *gondolieri de casada*, deren Schnallenschuhe Teil der vorgeschriebenen Livree waren. Es gibt noch einige traditionelle Schuhmacher in Venedig, die nach Maß arbeiten, aber die Karnevalsmode und die besondere Sorgfalt bei deren Ausführung trägt zweifellos mehr zu deren Überleben bei als die Notwendigkeit, den Gondolieri bequeme und für die Arbeit taugliche Schuhe zur Verfügung zu stellen. Der Gondoliere-Schuh moderner Prägung wurde in den 1970er-Jahren entwickelt, teils unter dem Einfluss der Regattateilnehmer, die nach exakt auf ihre Bedürfnisse abgestimmten Schuhen von perfekter Funktionalität verlangten. Dieser Mokassin besitzt eine eng anliegende Sohle, eine Unterlage aus nachgiebigem, stoßfestem Kautschuk, besonders für das rückenschonende Laufen geeignet, sowie eine kleine Innensohle mit einer Ledereinlage. Diese Zwischensohle wird mit Nägeln in der Form befestigt, über die dann das weiche Oberleder aus Kalbsleder gezogen wird. Dann wird das Sohlenteil eingezogen und die Sohle verklebt. Dazu wird das Ganze unter Druck gesetzt, damit die Klebung hält. Dieser weiche, ohne Nähte auskommende Schuh, den es nur in Schwarz gibt, ist für eine Maßanfertigung relativ preiswert.

4 • Der Gondoliere

Das Formen der Sohle ist der erste Schritt bei der Herstellung des Gondoliere-Schuhs. (© C. Parvulesco)

Das Oberleder der Gondoliere-Mokassins (© C. Parvulesco)

Der Gondoliere • 4

Befestigung des Oberleders an der Sohle (© C. Parvulesco)

Das Oberleder wird befestigt. (© C. Parvulesco)

Der Mokassin des Gondoliere und seine typische Sohle (© C. Parvulesco)

Gondoliere-Schuh (Mitte) und zwei weitere handwerklich hergestellte Schuhe (© C. Parvulesco)

4 • Der Gondoliere

Die mariegole und die Berufsvorschriften der Gondolieri-Zunft

In den *mariegole* wurde alsbald die Gesamtheit der Regeln festgelegt, denen sich das Innungsmitglied zu unterwerfen hatte, wofür ihm sozialer und beruflicher Schutz geboten wurde. Nach diesen Regeln musste der in der Warteschlange am Ablegekai vorne stehende, abfahrbereite Gondoliere stets das Ruder in der Hand haben, das heißt, er hatte nicht das Recht, die Kunden an Land anzusprechen. Nach dem Aussteigen des Kunden musste er sofort seine Position in der Warteschleife einnehmen, sofern er nicht noch einen weiteren Kunden an Bord hatte. Es war ihm ebenfalls untersagt, bei schlechtem Wetter mehr als vier Personen an Bord der Gondel zu nehmen, in letzterem Falle mussten dann auch zwei Ruderer an Bord sein und bei Regen hatte er die *felze* obligatorisch zu installieren. Als weitere Sicherheitsmaßnahme musste die Gondel nachts mit einer Lampe ausgerüstet sein und das Tragen einer Waffe war an Bord grundsätzlich verboten, nicht einmal ein einfaches Jagdmesser war erlaubt. Die Preisliste musste gut sichtbar am *canon* im Bug festgemacht werden, wie es im Übrigen auch heute noch Vorschrift ist. Es war im 17. Jahrhundert, wie auch heute, nicht selten, dass der Gondoliere mehr für die Fahrt verlangte, als von den *Proveditori di Comun* festgesetzt war. Die Preise für die Fahrten zum Lido, nach Giudecca, Murano und zum Festland waren erheblich teurer, da hier grundsätzlich zwei Mann ruderten. Man muss berücksichtigen, dass Venedig bis 1846, als die Eisenbahnlinie zum Festland fertig wurde, eine Insel war. Der Gondoliere war ferner dazu verpflichtet, seine Erlöse gerecht und loyal zu verwalten und Anteile in eine gemeinsame Kasse einzuzahlen, damit einem Kollegen, dem bei einem Unfall das Boot beschädigt wurde, ein neues gekauft werden konnte, aber auch für religiöse Zwecke, etwa für Begräbnisse von Kollegen seines Stadtteils und für die Dienste und Mes-

Mariegole aus dem Jahr 1714 (Sammlung MA)

sen, die der Klerus abhielt. Ebenso verpflichtete er sich dazu, sich zivilisiert zu betragen, auf seine Sprache zu achten (egal, ob Kundschaft an Bord war oder nicht), die Regeln der Schifffahrt zu beachten und Vorsicht walten zu lassen. All das war, angesichts der mitunter gröblichen Natur der Betreffenden, nicht immer einfach. Regelbrüche wurden geahndet und wer am Arbeitsplatz etwa beim Kartenspielen oder beim Glücksspiel erwischt wurde, konnte zur Zahlung einer halben Lira oder zur Stiftung einer Kerze für die Madonna seines Bezirkes verurteilt werden. Es durfte sein Gewerbe nur ausüben, wer im Besitz einer Lizenz, der *libertà*, war, die vom Vater auf den Sohn vererbt werden konnte. Im Jahre 1719 waren genau 779 Lizenzen in Umlauf. War kein Erbe vorhanden, fiel die Lizenz an die Stadt zurück. Sie konnte von ihrem rechtmäßigen Besitzer auch an einen anderen Gondoliere vermietet werden. Tatsäch-

Der Gondoliere • 4

Regelung zum Gondelwesen aus dem Jahr 1775 (Sammlung MA)

Mariegole von 1808 (Sammlung MA)

lich waren zu Beginn des 18. Jahrhunderts nur 48 *libertà* im Besitz des rechtmäßigen Inhabers. Um dem Gesetz Geltung zu verschaffen, war eine Patrouille der Seepolizei damit befasst, die Lizenzen zu kontrollieren und Straftäter konnten gegebenenfalls mit bis zu 18 Monaten Dienst auf den Galeeren der Serenissima bestraft werden. Abgesehen von diesen Gefahren sicherte der Eintritt in die Innung dem Gondoliere und seiner Familie aber eine Stellung auf Lebenszeit, garantierte Hilfe bei Krankheit durch eine Art Tagegeld und die Möglichkeit, wegen unverschuldeter Abwesenheit verlorenes Gehalt wieder hereinzuholen. Der Einfluss der Innung schwand im Laufe des 18. Jahrhunderts, am 25. Oktober 1805 stellte sie ihr Wirken offiziell ein, nachdem sie zuvor unter der französischen Besetzung unterdrückt worden war.

Die Mitglieder der Gondoliere-Innung halten traditionell eng zusammen und ihre Reihen geschlossen…
(© C. Parvulesco)

4 • Der Gondoliere

Das Rudern auf venezianische Art und die Dynamik der Gondel

Zwei Arten des Ruderns kommen in Venedig zum Einsatz und bei beiden Arten ist es zwingend erforderlich, dass der Gondoliere im Stehen rudert, um Hindernisse zu erkennen und den Sandbänken in den seichten Gewässern der Lagune ausweichen zu können. Die erste Art, das Rudern mit zwei überkreuzten Rudern, nennt sich *Voga alla Valesana* und lässt sich mit verschiedenen Bootstypen in der Lagune und den breiteren Kanälen der Stadt ausführen, im Gegenzug muss man sich in den schmalen und verkehrsreichen Kanälen ausschließlich der *Voga alla Veneta* bedienen, der typisch venezianischen Ruderart, die nirgendwo sonst ausgeübt wird. Die Venezianer waren durch die Umstände gezwungen, nicht nur Boote mit geringem Tiefgang zu entwickeln, sondern auch diese Rudermethode mit nur einem einzigen Ruder, das zugleich der Fortbewegung und der Steuerung des Bootes dient.

Die Asymmetrie der Gondel

Die Kanäle Venedigs sind zu eng, um das Rudern *alla Valesana* zu gestatten. Wenn das Boot nur von einem einzigen Ruderer bedient wird, wie es heute der Fall ist, ist es alles andere als leicht, mit nur einem Ruder, das sich noch dazu seitlich befindet, das Boot sich in gerader Linie fortbewegen zu lassen: Die vom Ruder ausgehende Kraft lässt das Boot logischerweise nach links drehen. Das Heckruder befindet sich auf der rechten Bootseite, damit sich die rechte Hand des Gondoliere näher am Schwerpunkt des Ruders befindet. Dieser ungewöhnlichen Lösung entspricht der asymmetrisch geformte

Auch auf den Kanälen gibt es Verkehrsregeln. (© C. Parvulesco)

Gondeln
150

Der Gondoliere • 4

Rumpf. Wenn das Ruder nicht betätigt wird, bewegt sich das Boot von selbst nach rechts. Zu diesem Zweck ist die rechte Seite des Bootes schmaler als die linke. Beim Rudern hat der Rumpf die natürliche Tendenz, nach links zu driften, auf welcher Seite sich der größere Teil des Volumens im Wasser befindet. Auf diese Weise findet der Rumpf dann sein Gleichgewicht und neigt sich um 9° nach rechts. Zugleich verschiebt sich die Längsachse um etwa 3°, was die Tendenz des Rumpfes, nach rechts zu driften, verstärkt. Diese Asymmetrie des Bootes lässt sich durch das Platzieren der Ladung vermindern oder verstärken. Wenn Sie einziger Passagier einer Gondel sind, werden Sie kaum auf der linken Seite sitzen dürfen, denn dadurch verringern Sie die Neigung der Gondel und behindern ihre Fahrt.

Dynamische Elemente

Das Verhältnis zwischen dem unter der Wasserlinie befindlichen Teil des Rumpfes und seiner Gesamtlänge (von rund 11 Metern) beträgt etwa 1:2. Es mag erstaunlich erscheinen, dass sich die Venezianer mit ihren schmalen Kanälen und zahlreichen rechtwinkligen Kreuzungen eines derart langen Bootes bedienen, doch gerade aufgrund der Länge und der schweren Enden besitzt die Gondel ein hohes Trägheitsmoment, kraft dessen man sie praktisch auf der Stelle wenden kann. Der Eisenbeschlag am Bug und der Gondoliere samt Ruder am Heck (ein Ruder wiegt gut 4,9 Kilogramm und kann bis zu 4,2 Metern lang sein) sind einmal mehr Beweis dafür, dass das, was reiner Zierrat zu sein scheint, in Wahrheit eine präzise Funktion besitzt. Das fragile Gleichgewicht lässt sich durch die verschiedenen Stellungen, die das Ruder an der *forcole* einnehmen kann und die Position des Gondoliere austarieren. Nicht selten sieht man einen Gondoliere einen kräftigen, gut bemessenen Ruderschlag tun, der das Boot nach links treibt und dann die Länge des Ruders im Wasser reduzieren, ehe er eine gegenläufige Bewegung ausführt. Die Gondel dreht sich dann um die eigene Achse und behält aufgrund ihrer Trägheit diese Bewegung bei. Diese Möglichkeit der Bewegung selbst bei aus dem Wasser genommenem Ruder zählt zu den Grundvoraussetzungen, um in den Kanälen Venedigs manövrieren zu können. Das prekäre Gleichgewicht wird normalerweise durch die Passagiere nicht gestört. Wenn sie in der Bootsmitte sitzen, bleibt das Trägheitsmoment der Gondel davon unberührt. Das Rudern auf venezianische Art ist sehr viel komplizierter als es auf den ersten Blick scheint. Die Position des Gondoliere, die Lage des Ruders im Wasser, die Durchführung des Ruderschlages und die Position des Ruders in der *forcole* sind weitere Elemente dieser Gleichung.

Da sich Ruder und *forcole* auf der rechten Seite des Bootes befinden, muss auf dieser Seite immer genügend Raum für die Ruderbewegungen vorhanden sein. Aus diesem Grund manövrieren die Gondolieri ihre Boote von der linken Seite aus. Die beiden Hauptphasen des Rudervorganges sind der Stoß, *premis* genannt, und das Rückholen, das man *stai* nennt. Beim *premis* entsteht ein Drehmoment, das die Gondel nach links drückt, wegen der asymmetrischen Form des Rumpfes aber nur in ganz geringem Umfang. In der *stai*-Phase bremst das Ruderblatt das Boot geringfügig ab. Tatsächlich bewegt sich das Boot in einer kaum merklichen Schlangenlinie fort. Die schmale Konstruktion der Gondel und ihr hohes Trägheitsmoment führen dazu, dass man selbst unter Last nur geringe Ruderkräfte aufbringen muss. Man ist nicht schneller unterwegs als zu Fuß, transportiert dabei aber erhebliche Lasten. Ohne jeden Zweifel liegt hierin einer der Gründe für die Form der Gondel, die strikt physikalischer Notwendigkeiten folgt.

© Jacques Liabot

Gondeln
151

Mythos und Zukunft

„Die Gondel gleitet auf Wellen von Smaragdgrün und rotem Blütenstaub. Ich selbst bin Pfeil und Blüte, in dieser Luft, auf diesem grünen Wasser, unter all den Steinen, die blühen. Der geschickte, stets lauernde, rasche und gefügige Gondoliere, auf sein schwarzes Ruder geneigt, ist gut zu sehen, ein Arbeiter, der seine Arbeit liebt. Und er kehrt seinem Herrn den Rücken zu, denn er ist der König seines Vergnügens.

André Suarès, Le Voyage du Condottiere, 1932.

Eine Promenade in der Gondel bei Sonnenaufgang ist ein unvergesslich poetisches Erlebnis. (© C. Parvulesco)

Die Gondoliere schützen ihre Boote sehr sorgfältig mit maßgeschneiderten blauen Decken. (© C. Parvulesco)

5 • Mythos und Zukunft

Die Promenade in der Gondel, ein intimes Erlebnis

Porträt von Gabrielle d´Annunzio, Dichter und Freund von Venedig (DR)

Übt Venedig einen Zauber aus? Führen die Kanäle in ihren Wassern ein seltsames und betörendes Elixier mit? Groß ist die Zahl der Schriftsteller, die von ihrem Aufenthalt in Venedig berichten und uns ihren Eindruck schildern, Venedig besitze einen kraftvollen und ergreifenden Charme, der weit über das Staunen beim Anblick seiner Paläste und aller Meisterwerke der Architektur und Malerei hinausgeht. Etwas Tieferes, Substantielleres ist da vorhanden, wenn man die labyrinthische Stadt durchstreift und sich in den historischen Gassen und dem Netz der Kanäle verliert. In dieser Stadt, wo die Zeit stillzustehen scheint, endet schon ein kurzer Spaziergang in Träumereien, in Selbstvergessenheit oder in Versunkenheit. Die Zivilisation, ihr Lärmen, ihre Geräusche verlieren sich, aufgesogen von den Wassern der *rii* und alles trägt dazu bei, dass man sich in einem besonderen Zustand befindet. Man versinkt in seinem inneren Selbst, das man in dem Maße betritt, in dem man in die Stadt eintaucht und die Orientierung verliert. Die Promenade in der Gondel ist der Katalysator, der diese inneren Zustände nach außen kehrt. Jeder reagiert anders darauf. Bei manchen führt dieses Erlebnis zu euphorischer Fröhlichkeit oder zu heiterer Beschaulichkeit, andere scheinen in Trübsal zu verfallen und verspüren Unruhe und Angst vor dieser mysteriösen Stadt, wieder andere reagieren mit Zorn und Widerwillen auf diesen Verlust an Selbstkontrolle, auf das Erschlaffen ihrer Persönlichkeit. Venedig wirkt auf den Besucher, auf seine Haltung und seine Einstellung, durch Schwermut oder Charme, den er hier zu finden glaubt. Die folgenden Auszüge aus literarischen Werken zeigen, jedes auf seine Weise, die verschiedenen Affekte, die eine intime Fahrt in der Gondel freisetzen kann.

Alltagsszene auf einer Gondel-*portela* (Sammlung TAM)

Taine, „Voyages en Italie", 1866

„Man fühlt sich bereit, glücklich zu sein. Man sagt sich, dass das Leben schön und gut ist. Man muss einfach die Augen öffnen, man verspürt kein Bedürfnis sich zu bewegen, unmerklich bewegt sich die Gondel fort, man liegt da und lässt sich vollständig gehen, seelisch und körperlich. Ein feuchter, angenehmer Wind regt sich. Auf der großen Fläche des Kanals sieht man die tauüberzogenen und weißlichen Formen der Paläste sich wogend spiegeln, die in der Frische und der Stille der Morgendämmerung schlafen. Man vergisst alles, seinen Beruf, seine Vorhaben, sich selbst. Man betrachtet, man genießt, man kostet aus, als ob man mit einem Mal, vom Leben befreit, von oben herab auf die Dinge schaut, im Licht und im Blau des Himmels."

Thomas Mann, Der Tod in Venedig, 1912

„Wer hätte nicht einen flüchtigen Schauder, eine geheime Scheu und Beklommenheit zu bekämpfen gehabt, wenn es zum ersten Male oder nach langer Entwöhnung galt, eine venezianische Gondel zu besteigen? Das seltsame Fahrzeug, aus balladesken Zeiten ganz unverändert überkommen und so eigentümlich schwarz, wie sonst unter allen Dingen nur Särge sind, es erinnert an lautlose und verbrecherische Abenteuer in plätschernder Nacht, es erinnert noch mehr an den Tod selbst, an Bahre und düsteres Begängnis und letzte, schweigsame Fahrt. Und hat man bemerkt, dass der Sitz einer solchen Barke, dieser sargschwarz lackierte, mattschwarz gepolsterte Armstuhl, der weichste, üppigste, der erschlaffendste Sitz von der Welt ist?"

Gondeln

Mythos und Zukunft • **5**

D'Annunzio, Das Feuer, 1900

- „Rudere! Rudere!
Von dieser brüsken Ungeduld angetrieben, beugte sich Zorzi über das Ruder. Der leichte Nachen glitt über das Wasser. Der ganze Kanal war auf einer Seite frei. Ein braunrotes Segelboot fuhr lautlos vorbei. Das Meer, die fröhlichen Wogen, das Lachen der Möwen, die frische Brise standen für sein Verlangen.
- Rudere, Zorzi! Zur Veneta Marina beim Rio dell' Olio, rief der junge Mann.
Der Kanal schien ihm zu eng für das Atmen seiner Seele. Von nun an war ihm der Sieg genauso notwendig wie die Luft in seinen Lungen. Nach dem nächtlichen Delirium wollte er, im Licht des Morgens und in der Schärfe des Seewindes, erfahren, wie abgehärtet er war. Müde war er nicht. Um seine Augen spürte er kühle Ringe, als ob er sie mit Tau gewaschen hätte. Er verspürte kein Verlangen nach Ruhe und das Hotelbett war ihm ein Schrecken, wie eine harte Pritsche. Die Brücke eines Bootes, der Geruch von Teer und von Salz, das Flattern eines roten Segels...
- Rudere, Zorzi!
Die Anstrengung des Gondoliere verdoppelte sich. Einen Moment lang ächzte die Gabel unter der Last."

Dieses Verzaubertsein von Venedig und seinen Gondeln befällt beileibe nicht jeden. Für manche ist es Objekt der Verachtung und Anlass tiefer Abscheu. Dazu muss man nur „Contre Venise" des Philosophen Régis Debray lesen: „Mehr als komisch, schmerzhaft ist die Vorstellung eines Lenin auf dem Rialto, eines Mao, der vor der Seufzerbrücke eine Zigarette raucht, eines Che in einer Gondel... [...] Alle Zyniker schätzen Venedig. Auch die Nihilisten. Der Geruch von Schlick, Lebemännern und Casanova... Bewahren wir uns die Reste von Naivität. Das ist eine so zerbrechliche Kraft. [...] Der Venezianer ist für das tragische Sentiment das, was die Sulpizianer für die fromme Kunst sind."

Selbst Henri de Régnier, dessen Leidenschaft für diese Stadt ihn mehrere Romane schreiben ließ, gab sich die allergrößte Mühe, die Stadt aus einem quasi neutralen Blickwinkel zu sehen. Mircea Eliade, der rumänische Philosoph und Religionshistoriker, beschreibt die Stadt und ihr Mysterium mit beißender Ironie, vermischt mit der für ihn typischen balkanischen Sentimentalität: „Was kann man noch schreiben, ohne sich Klischees zu bedienen, die für einfältige Mädchen und verliebte Jugendliche taugen? Es wird noch viel Wasser fließen, ehe die Lagune anders gesehen werden kann als bisher..."

Die Fahrt in der Gondel ist heutzutage nur noch etwas für Touristen.
(© Marina Koenig)

Epilog

El Felze, die Gondel und das Handwerk

Nach dem Ersten Weltkrieg, als Venedig nur wenige und wenig reiche Besucher vorzuweisen hatte, führten das Fehlen von Industrie in der Stadt, der nach dem Fall der Republik einsetzende Verfall und die Weigerung der Stadt, sich der modernen Welt anzupassen, verstärkt noch durch das ungesunde Klima in der Lagune, zu einem ernsthaften Niedergang Venedigs. Die kleinen Leute kämpften ums blanke Überleben, die Gondolieri sahen sich ohne Arbeit, die einen verkauften Teile des *parecio*, andere gingen so weit, *felze* und Ruder, für die sie keine Verwendung mehr hatten, beim Heizen zu verbrennen. In den kleinen Werften wanderten die Werkzeuge zum Alteisen, es wurden keine Lehrlinge mehr ausgebildet und die Gondel schien dem Untergang geweiht. Ohne das Eingreifen Achille Gaggias, eines reichen venezianischen Philanthropen und Liebhaber des alten Bootstyps, wäre die Gondel wohl einfach verschwunden. Gaggia kaufte die Werkzeuge auf, verpflichtete die Stadt, jede Gondel mit zwei Mann zu bestücken, die sich die Arbeit teilten und unterstützte die Kasse der Gondolieri-Innung, die mangels Beitragszahlern praktisch pleite war. In den schrecklichen Kriegsjahren verteilte er an die Familien Hilfspakete. Seine Güte und seine tätige Hilfe wurden 1944 gewürdigt, als er zum Ehrenpräsidenten der Innung ernannt wurde, die durch sein Wirken am Leben blieb. Es blieben auch die althergebrachten Berufe des Gondelbaues erhalten. Um deren Aussterben zu verhindern, das nicht allein aus schierer Not, sondern ebenso aus Ignoranz, Gleichgültigkeit und Unverständnis für die Geschichte drohte, taten sich die letzten Erben dieser Tradition zusammen, um ihren Berufen Gehör und Gewicht zu verschaffen. Im Juli 2002 entstand aus dieser Initiative die Organisation El Felze als Stimme des Gondelbau-Handwerks. Zu den Gründungsmitgliedern gehörten *squeraioli*, *ottonai* und *fravi*, *intagiadori* und *indorador*, dazu *marengoni*, *tapesserei* und *barateri calegheri*. Es sind dies die *artieri de gondole e suoi fornimenti* (die Handwerker der Gondel und ihrer Ausstattung), deren Blick in die Vergangenheit geht, aber auch in die Gegenwart und in die Zukunft. Sie fördern ihr Handwerk, machen es weithin bekannt, geben ihr Wissen weiter, setzen Qualitätsmaßstäbe fest und tragen dazu bei, alte Handwerkstechniken, die sich mit und um die Gondel entwickelt haben, bekannter zu machen. Dieses Kulturprojekt will den Interessierten einen Leitfaden geben, um diese kleine Welt auf einsichtsvolle Art kennen zu lernen. El Felze organisiert Besuche bei den Handwerkern und gibt einen äußerst gut aufgenommenen Stadtplan heraus, auf dem besonders Besuchenswertes vermerkt ist und macht, damit die Gondel ewig lebe, auch die abgelegensten Gassen zu Orten des Wissens und des Erstaunens.

Die Werkstatt von Saverio Pastor, einem der Gründer der Vereinigung *El Felze* und *forcole*-Hersteller (© C. Parvulesco)

Epilog

Abschied von Venedig

„Morgen muss ich meine geliebten Gondeln verlassen. Im Moment bin ich in Hausanzug und Pantoffeln und schreibe unten auf der schönen, breiten Gasse, die immer wieder von himmlischer Musik durchzogen wird. Das Schlimmste ist, dass ich meine liebe Ancilla, Camilla, Faustolla, Julietta, Angeletta, Catina, Spina, Agatina und die hunderttausend Sachen, von denen mir eine mehr Freude bereitet als die andere, werde verlassen müssen..."

Président de Brosse, „Voyage en Italie", 1739-1740

Abschied von Venedig (© C. Parvulesco)

Karte von Venedig mit den Mitgliedern der Vereinigung *El Felze* (Dokumentation *El Felze*)

Glossar

Glossar

Bareteri: Hut- und Kappenmacher
Barca lissa: ungeschmückte Gondel
Chimenti: Kalfaterer
Campo: venezianischer Name für einen kleinen Platz
Canon: Bügel für Lampe oder Blumenbouquet im Bug der Gondel, meist aus Messing
Coa di gambero: Langustenschwanz
Cavai: Zierfigur aus Bronze oder Messing, die die Relingkordel hält
Cimier: Teil des *parecio*, der an der Rückenlehne der Hauptsitzbank befestigt wird
Careghin: kleiner Stuhl an Bord, Teil des *pareci*
Caligheri: Schuhmacher
Da casada: Beiwort für Gondeln und Gondolieri in privaten Diensten
Felze: eine abnehmbare Gondelkabine, in Gebrauch bis ins 19. Jahrhundert
Forcole: komplex geformte Holzpflöcke, an denen die Ruder geführt werden
Fodre: Stoffstück, das hinter der Sitzbank ausgelegt wird, Teil des *parecio*
Feral de codega: Teil der *felze*, ein Messingträger an der Türe, an dem die Lampe befestigt wird
Fondamente: Kai
Marengone: Zimmermann
Mariegole: Vorschriften der Innung
Motoscafi: Motorboote, die in Venedig als Taxi dienen
Morsetti: spezielle Schraubstöcke
Parecio: Gesamtheit des Zierrates und der Innenausstattung einer Gondel
Premi: Phase des Ruderns auf venezianische Art
Proveditori di comun: Entscheidungsträger der Stadtverwaltung
Portele: üblicherweise reich verzierte Türen vorne in der Gondel
Remi: Ruder
Scuole: Schutzkirche einer Handwerkerzunft
Sensa: Fest zu Ehren des Sieges der Venezianer über Seeräuber zu Zeiten der Stadtgründung
Sentar: Hauptsitzbank der Gondel
Squero: Bootswerft
Squeraiol: Schiffszimmermannsmeister
Sartori: Schneider
Stai: Phase des Ruderns auf venezianische Art
Traghetto: Anlegestation für Gondeln, auch: Linienverkehr per Gondel

© Jacques Liabot

Vogalonga: große internationale Regatta, offen für Ruderboote aller Art, die einmal im Jahr auf dem Canale Grande abgehalten wird
Vaporetto: großes Schiff mit Dampf- oder Dieselmotorantrieb, das als Omnibus auf dem Canale Grande fährt

Bibliographie

Brazolo, Q. del: La Gondola, fasi della sua costruzione. Treviso 1979

Bussolin, P.: Le barche ed i gondolieri di Venezia. Venedig 1812

Caniato, G.: Arte degli Squeraioli. La Stamperia di Venezia. Venedig 1985

derselbe: Arte di far gondole. Venedig 1985

Cargasacchi Neve, G.: La gondola storia technica. Venedig 1979

Charles, E.: Les Derniers Gondoliers. Paris 1886

Chiesa Butazzi, G.: Venezia e la sua Gondola. Mailand 1974

Crovato, G.: Barche della laguna veneta. Venedig 1980

Donatelli, C.: La gondole, une extraordinaire architecture navale. Arsenal, Venedig 1994

Donantelli, G.: La gondola - a vehicle of quality. Turin 1975

Foscari, L.: Il gondoliere nell`arte. Venedig 1934

Jaquillar, P.: Forcoles vénitiennes. Lausanne 1959

Marangoni, G.: Gondole e Gondolieri. Venedig 1970

Marta, G.: La Gondola. Venedig 1936

Meloncini, A., La gondola Veneziana origine e storia. Rom 1942

Munerotto: Gondole sei secoli di evoluzione. Il Cardo, Venedig 1994

Orlandini, G.: La Gondola. Venedig 1903

Pergolis, R.: Le barche di Venezia. Venedig 1891

Rubin de Cervin, G. B.: Bateaux et batellerie de Venise. Lausanne 1978

Sarffati, A.: Gondole e Gondolieri. Padua 1886

Vittoria, E.: Il Gondoliere e la sua Gondola. Ed. Evi, Venedig 1979

Zanelli, G.: Traghetti Veneziani. Cicero, Venedig 2004

Zucchetta, G.: La gondola di Casanova. Marseille/Venedig 1998

© Jacques Liabot

Danksagung

Der Autor dankt allen, die zum Entstehen dieses Buches beigetragen haben, insbesondere:
Daniella Ghezzo, Giuliana Longo, Dr. Sisbert (Ente Gondola), Stefano und Ricardo, Herrn Arici, Saverio Pastor (El Felze), Paolo Brandolisio, Ermanno und Alessandro Ervas (Schmiede zum Delfin), Luca Zentilini, Aline Marchetti, Marina Koenig, Claire Pasquet, Roberto Pisch, Trattoria Antica Mola (Inhaberin Mariantonietta Franzin), Rosettin Diego (ottonai), Francesco und Piera Bortoluzzi (Librai Antiche Carampane), der Direktion der Museen der Stadt Venedig (Ministero per i Beni e le Attività Culturali), sowie den Musei Civici Veneziani.

Venedig, Stadt der Träume
(© Marina Koenig)

Impressum

HEEL Verlag GmbH
Gut Pottscheidt
53639 Königswinter
Tel.: 02223 9230-0
Fax: 02223 923026
E-Mail: info@heel-verlag.de
Internet: www.heel-verlag.de

Deutsche Ausgabe:
© 2007 Heel Verlag GmbH

Französische Originalausgabe:
© 2006 E-T-A-I
20, rue de la Saussière
92641 Boulogne-Billancourt, Cedex, Frankreich
Französischer Originaltitel: Gondoles – Symboles de Venise

Deutsche Übersetzung: Dorko M. Rybiczka
Lektorat: Joachim Hack
Satz und Layout: Grafikbüro Schumacher, Königswinter
Druck: MKT Print, Slowenien

– Alle Rechte vorbehalten –

Printed in Slovenia

ISBN-13: 978-3-89880-743-2